PETER LUSTIGS BASTELBUCH

PETER LUSTIG

BURCKHARD MÖNTER

vgs

CIP-Kurztitel der Deutschen Bibliothek

Lustig, Peter:
[Bastelbuch]
Peter Lustigs Bastelbuch/Peter Lustigs; Burckhard Mönter. — 1. Aufl. — Köln: vgs, 1985.
ISBN 3-8025-5036-6

NE: Mönter, Burckhard:

1. Auflage 1985
© Verlagsgesellschaft Schulfernsehen — vgs —, Köln 1985
Fotos: Klaus Tietze,
Reproduktion der Abbildungen: Scharf-Lithographie, Köln
Satz: ICS Computersatz GmbH, Bergisch Gladbach
Layout und Umschlag: Christine Falter
Druck: Universitätsdruckerei H. Stürtz AG, Würzburg
Printed in Germany
ISBN 3-8025-5036-6

Inhalt

Kleine Schiffe auf großer Fahrt 4

Wetter – selbstgemessen 18

Flaschen, die überraschen 24

Schnelle Knöpfe für helle Köpfe 34

Schlaue Schläuche – und keine lange Leitung 41

Kästen für Kenner 46

Kleine Schiffe auf großer Fahrt

Es regnet und regnet und regnet. Was soll man an einem solchen Tag bloß anfangen? Den ganzen Morgen regnet es nun schon, und die Pfützen werden immer größer. Wie kleine Seen sehen sie aus, und Bäche fließen zwischen ihnen. Und da vorn, die kleine Bucht, die sieht aus wie ein Hafen ...

He, ich hab's!
Ich bau' mir ein Schiff!
Ein Schiff, das auf der Pfütze fahren kann. Nicht nur eins, das so dahintreibt! Ein Schiff, das von allein fährt, mit einem richtigen Antrieb.

Und wenn es zu regnen aufhört, kann ich es sofort ausprobieren. Gleich mal an die Arbeit ...

Zuerst brauche ich etwas für den Schiffsrumpf. Leicht soll es sein, damit es schwimmt, leichter als Wasser – und natürlich wasserfest. Und es muß sich leicht schneiden oder sägen lassen. Holz wäre gut – oder Styropor. Da hatte ich doch noch einige Stücke ...
Den Schiffskörper aus Styropor schneide ich einfach mit einem Sägemesser aus der Platte. Dabei krümelt es weniger, und die Kanten werden glatter, wenn das Messer scharf ist und beim Schneiden hin- und herbewegt wird. Ich könnte auch das Messer vor dem Schneiden auf der Herdplatte heiß machen ...

Dann werden die Kanten ganz glatt, denn die Klinge gleitet durch das Styropor wie durch Butter. Fabelhaft — aber es stinkt etwas. Und das geschmolzene Styropor geht von dem Messer und der Herdplatte nur schwer ab.

Die Styroporplatte sollte nicht dünner als 2 cm sein, das sind 4 Kästchen beim Rechenpapier. Sonst halten später Masten oder Drahtstücke für die Befestigung des Antriebs nicht gut.
So, ein Schiffskörper aus Styropor ist fertig. Ich schneide mir gleich noch mehrere Schiffskörper zurecht, weil ich verschiedene Schiffe bauen möchte. Wenn ihr einen Schiffskörper aus Holz bauen wollt, hier noch ein paar Tips: Das Brett sollte nicht zu dick sein, sonst ist das Sägen zu schwer und dauert zu lange. Der Antrieb, das Ruder und das Steuerhaus oder andere Aufbauten könnt ihr mit Nägeln am Schiffskörper befestigen.
Bei einem Schiff aus Styropor ist es noch einfacher. Da kann ich den Antrieb sogar ganz einfach mit Draht befestigen.
Richtig, jetzt muß ich mir noch überlegen, wie ich die Schiffe antreiben will. Ich hab' da schon eine Idee . . . Gleich mal ein paar Sachen zusammensuchen:

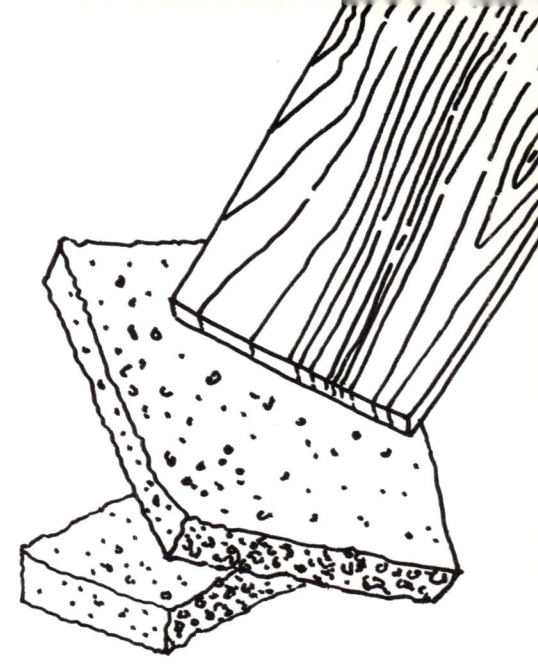

Korken, Gummibänder, Eislöffelchen (Plastikteelöffel tun es auch), Nägel, Kunststoffbecher (z. B. Joghurtbecher), Schaschlikstäbchen und Abfallstücke aus Holz (z. B. Reste von Tapetenleisten).

Folgende Werkzeuge habe ich mir zurechtgelegt: Holzsäge oder Messer (für Styropor), Zange, Hammer, Schere und einen Handbohrer. Den braucht ihr aber nicht unbedingt, wenn euch ein Erwachsener mit einer elektrischen Bohrmaschine hilft. Und was den Draht angeht, mit dem ich alles am Styropor befestige: Der darf nicht zu dünn sein, damit er sich nicht zu leicht verbiegt. Ich habe da noch ein Stück Schaltungsdraht, den ich im Elektrogeschäft gekauft habe. Das ist ein dicker Kupferdraht mit einem Mantel aus farbigem Kunststoff. Man kann ihn mit einer Zange schneiden, er läßt sich mit der Hand biegen und sieht mit seinen leuchtenden Farben auch ganz gut aus. Wenn der nicht reicht, biege ich einen von diesen Drahtbügeln auseinander, die man in Geschäften für Bekleidung umsonst mitbekommt, und schneide davon passende Stücke ab.

Nun kann es losgehen!

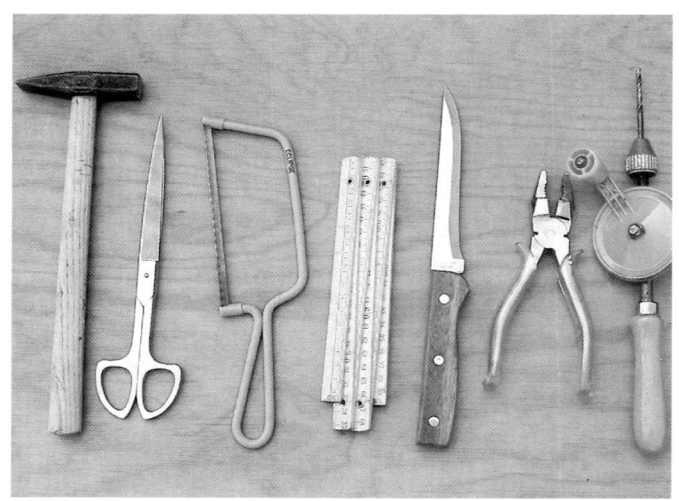
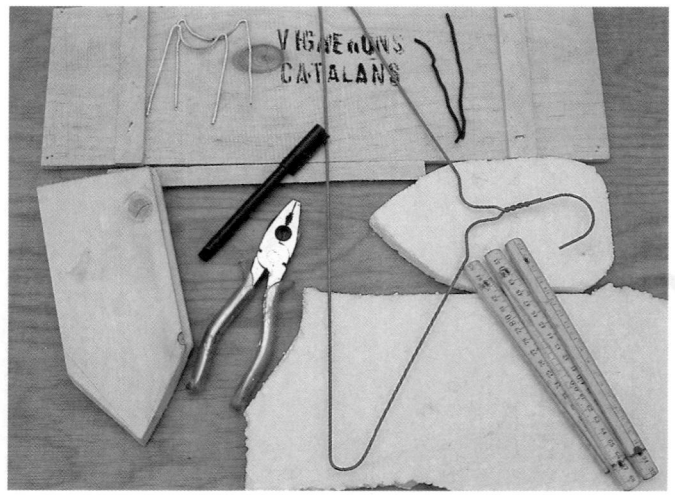

Der Raddampfer

Zuerst baue ich einen Raddampfer, der platscht so schön mit seinen Schaufeln und braucht kein tiefes Wasser – genau das richtige Schiff für flache Pfützen.

Als Schaufeln stecke ich abgebrochene Eislöffel oder Plastikteelöffel in einen Flaschenkorken. Die Löcher dazu bohre ich mit einem Nagel vor, damit das Einstecken leichter geht.

Die Schaufeln könnt ihr auch aus anderen Dingen bauen, Hauptsache, sie sind wasserfest. So könnt ihr zum Beispiel einen großen Joghurt- oder Buttermilchbecher mit einer Schere in Streifen schneiden. Dann schlitzt ihr einen Korken mit dem Messer ein und klemmt die Becherstreifen als Schaufeln in die Schlitze.

Die Schaufelräder brauchen eine Achse – sie werden auf einen Holzstab, wie z. B. einen Schaschlikspieß, gesteckt.

Jetzt fehlt noch der Antrieb, der die Achse dreht – ein Gummiband.

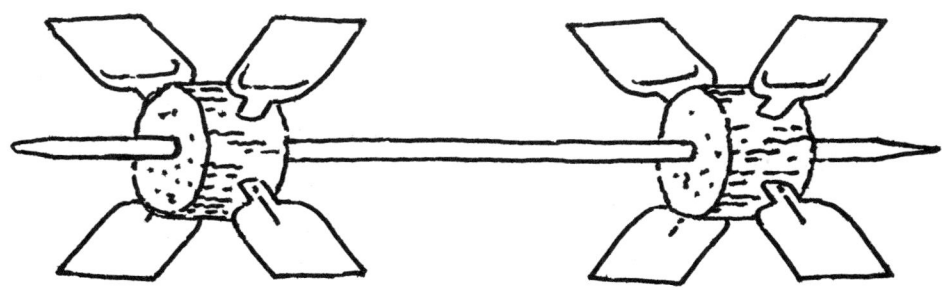

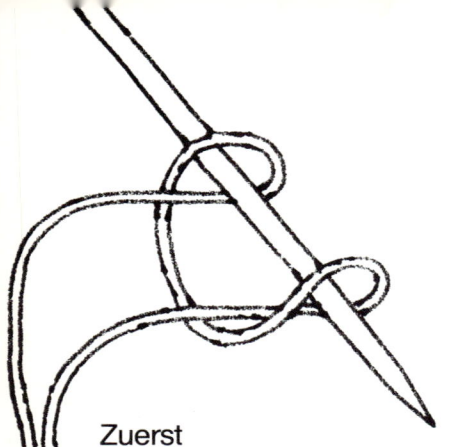

Der Schraubendampfer

Zuerst befestige ich das Gummiband an der Schaufelradachse. Dazu schiebe ich es unter die Achse. Dann lege ich ein Ende um die Achse herum und ziehe es unter dem anderen Ende hindurch. Nun klemme ich es vorne am Schiff mit einem Nagel oder Draht fest. Dabei sollte es etwas gespannt sein.

Es gibt zwei Möglichkeiten, das Gummi zu befestigen. Sollte es beim Aufdrehen durchrutschen, probiert die andere. Dann funktioniert es sicher.

Ich ziehe den Motor auf, indem ich die Schaufelräder drehe – natürlich gegen die Richtung, in die sich die Schaufeln beim Fahren drehen sollen – setze den Raddampfer aufs Wasser und lasse los: Platsch, platsch, platsch – ab geht er!

Wie müssen große Raddampfer erst spritzen und platschen! Eigentlich schade, daß es nur noch ganz wenige davon gibt.

Heute haben fast alle großen Schiffe eine Schraube oder einen Propeller, wie Seeleute dazu sagen. So einen Antrieb kann ich auch mit den Eislöffeln bauen. Es geht aber auch wieder mit zurechtgeschnittenen Stücken von einem Kunststoffbecher.

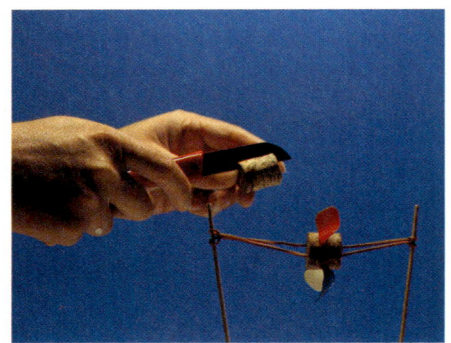

Zuerst schneide ich einen Flaschenkorken an zwei gegenüberliegenden Seiten mit einem Messer ein. Warum? Wartet mal ab, ich habe mir nämlich einen neuen Motor ausgedacht.

Vier abgebrochene Eislöffel stecke ich schräg in den Flaschenkorken. Schräg! Das ist wichtig. Es muß aussehen wie ein kleiner Ventilator oder eben wie eine Schiffsschraube.

Jetzt der Motor. In die Schlitze vom Korken klemme ich ein Gummiband. Dann stecke ich zwei Holzstäbe, z. B. Schaschlikspieße, durch den Rumpf und spanne das Gummi mit der Schiffsschraube dazwischen.

Aufgezogen wird der Gummi-Motor, indem man die Schraube dreht und damit das Gummiband verdrillt. Halt! Dabei biegen sich ja die Stäbe im Styropor oben auseinander! Kein Problem, dann binde ich sie eben oben an der Spitze mit einer Kordel fest. Dann hat mein Schraubendampfer auch gleich eine Flaggenleine.
Bei einem Holzschiff spannt ihr den Gummimotor zwischen zwei große Nägel. Die verbiegen sich beim Aufziehen nicht.
He, was ist das? Mein Dampfer fährt ja rückwärts! Ach so, ich hab' den Motor falsch herum aufgedreht. Das könnte euch auch passieren.
Vorwärts fahren Schiffe, wenn die Schrauben das Wasser nach hinten drücken. Wenn ihr euer Schiff mal mit laufendem Motor festhaltet, könnt ihr das gut beobachten.
Und wie schwimmt ein Mensch? Beim Kraulen sieht man das deutlich: Mit Armen und Händen stößt er das Wasser nach hinten weg, genau wie der Raddampfer, nur der Schwimmer macht es mit **zwei** Schaufeln.
Das versuche ich auch mal. Nein, nicht ich selbst – bei dem Wetter brauche ich einen Vertreter.

Der Kraulschwimmer

Ich bastel' mir einen Kraulschwimmer. Ein Holzstück nehme ich als Körper. Mit dem Handbohrer bohre ich ein Loch für die Arme hindurch – so groß, daß ich einen dicken Trinkhalm hineinschieben kann. Dann schneide ich die überstehenden Enden des Trinkhalmes ab. Durch den Trinkhalm bleibt das Loch immer glatt, auch wenn das Holz später im Wasser quillt und auffasert. Das ist wichtig! Denn in dem Loch soll sich eine Achse drehen, ein Schaschlikspieß, Zahnstocher oder Dauerlutscherstiel, auf dem links und rechts die Arme aufgesteckt und festgeklebt werden. Die Arme habe ich aus dem Rest einer Tapetenleiste ausgesägt und zum Aufstecken durchbohrt. Ihr könnt dafür natürlich auch andere flache Holzstücke verwenden, z. B. Leisten einer Obstkiste. Jetzt bekommt der Schwimmer noch Gummi-Muskeln. Das Gummiband befestige ich wie beim Raddampfer am Holzstab mit den Armen. Wie, das könnt ihr auf S. 8 noch einmal ansehen.
Ach, richtig, einen Kopf hat der Krauler ja noch gar nicht. Schnell ein Stück Korken zurechtschneiden und annageln – und dann – auf die Plätze – fertig – los!

Der Rückstoß

Himmel, mir tun die Finger weh vom vielen Aufdrehen des Gummiband-Motors. Ob es nicht auch Schiffe gibt, die von selbst fahren, ohne daß sich dabei etwas dreht?

Mal nachdenken — wenn man etwas wegdrückt, stößt man sich doch selbst daran ab, nicht? Das habt ihr sicher auch schon gespürt, wenn ihr einen schweren Ball kräftig geworfen habt. Bei einem Medizinball muß man da schon fest auf dem Boden stehen, um den Rückstoß aufzufangen. Aber was geschieht, wenn ihr z. B. in einem Boot oder in einem Wagen sitzt, der leicht rollt? Die Kinder auf dem Foto probieren es aus. Jedes Mal, wenn der Junge im Wagen den Ball kräftig nach hinten wegwirft, rollt der Wagen ein kleines Stück vorwärts. Würde er einen Ball nach dem anderen vom Wagen werfen — und nicht müde dabei werden — könnte er lange fahren.

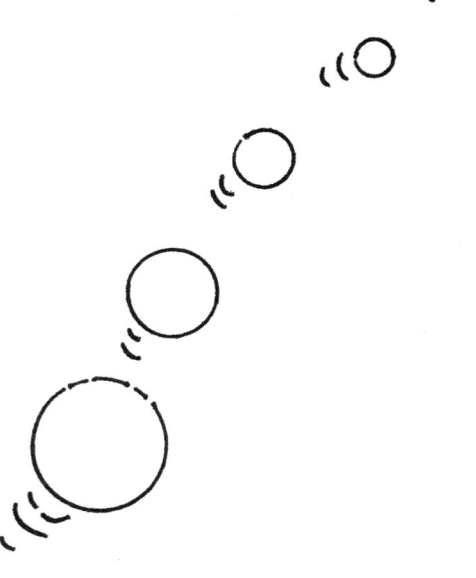

Das ist die Idee — ein Schiff mit einer Ballschleudermaschine als Antrieb! Nein, das ist zu kompliziert, so viele Bälle hat ja keiner. Aber warum überhaupt Bälle? Mit Wasser, das herausgedrückt wird, müßte das doch auch gehen.

Ich baue ein Schiff, das noch nie da war, ein Wassermotor-Boot.

Das Wassermotor-Boot

Bei einem Kunststoffbecher brenne ich mit einem heißen Nagel ein Loch in die Seitenwand – dicht über dem Boden. Den Nagel habe ich vorher mit einer Zange über einer Kerzenflamme erhitzt.

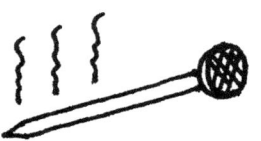

Fährt doch gut, das erste Schiff mit Wassermotor. Nur der Becher steht so kippelig hinten auf dem Boot. Wenn man ihn mehr in die Mitte setzt, steht er zwar besser. Aber dann trifft der Wasserstrahl das Boot selbst, das Wasser fließt nach allen Seiten ab, und die Sache mit dem Rückstoß funktioniert nicht mehr. Dann probiere ich eben etwas anderes aus. Ich schneide ein Loch in die Mitte des Schiffes, so groß, daß ich den Becher ein Stück hindurchschieben kann. Jetzt den Becher mit Wasser füllen, einige Tropfen Tinte hinein, damit man das austretende Wasser auch sieht, und loslassen! Na bitte! Das Wassermotor-Boot zieht ganz schön ab. Und dabei dreht sich nichts, es funktioniert wie eine Rakete.

Den Becher fülle ich mit Wasser – das Loch halte ich dabei natürlich zu – und setze ihn ganz hinten auf das Styroporschiff. Vorsichtig, daß er nicht kippt! So, geschafft! Und wenn ich jetzt das Loch öffne, dann spritzt ein Wasserstrahl aus dem Loch heraus und... Was meint ihr? Schaut's euch selbst an!

Das Düsenboot

Warum sollte der Rückstoß nicht auch mit Luft funktionieren?

Richtig, tut er ja auch! Ihr habt doch schon mal einen Luftballon aufgepustet und dann losgelassen – pssst! rast er durch die Gegend. Damit baue ich ein Raketenschiff fürs Wasser!

Ich mache einfach einen Luftballon auf dem Schiffsrumpf fest. Aber wie? Der Ballon ist zu wabbelig, und wie soll ich ihn dann aufblasen? Ich hab's, den Ballon ziehe ich über ein Stück Schlauch (Sollte er beim Aufblasen wegrutschen, hilft Umwickeln mit Klebeband!). Den Schlauch binde ich mit Drahtstücken fest, die ich durch das Styropor stecke und unten verdrille. Dabei lasse ich das Schlauchende hinten am Schiff überstehen, damit ich den Ballon besser aufblasen kann.

Braust euer Boot auch so los? Ein richtiges Düsenboot! Schaut mal, ob ihr ein Röhrchen oder ein Stück von einem engeren Schlauch findet. Das schiebt ihr in das Schlauchende. Dann flitzt das Düsenboot nicht ganz so schnell, aber fährt dafür länger.

Das Dampfboot

Ich werde immer mutiger. Mein nächstes Raketenboot soll mit Dampf fahren – ein Dampfboot. Es braucht natürlich einen Wasserkessel – der muß feuerfest sein und auch ein Loch haben.

Ein ausgeblasenes Ei ist genau richtig dafür. Da es schon zwei Löcher hat, verschließe ich eines mit Klebstoff oder Klebeband. Das andere Loch soll möglichst rund und etwa so groß sein, daß gerade ein mittelgroßer Nagel hineinpaßt. Durch das Loch fülle ich Wasser in das Ei, etwa einen Teelöffel voll. Ich biege zwei Drahtbügel zurecht und stecke sie in den Schiffskörper aus Styropor. Darauf lege ich das Ei und schiebe ein Teelicht oder einen Kerzenstummel darunter. Nach dem Anzünden warte ich noch ein paar Minuten, bis das Wasser im Ei zu kochen anfängt. Also etwas Geduld! Dann strömt weißer Dampf aus dem „Kesselloch", die Fahrt kann beginnen.

Nanu, warum fährt es denn nicht los? Dampf zischt immer mehr heraus, aber das Schiff rührt sich nicht von der Stelle. Als ob es am Badewannenrand festgeklebt wäre. Richtig, genau das ist es! Es klebt fest! Das Wasser zwischen der Schiffskante und dem Badewannenrand hält es fest, und der Dampfmotor ist zu schwach, es loszubekommen.

Ihr glaubt nicht, das Wasser so kleben kann? Na, dann stellt euch mal unter die Dusche, so wie ihr seid! Und danach versucht, die nassen Sachen auszuziehen. Dann merkt ihr, wie das klebt!
Glaubt ihr es jetzt? Gut!

Also schiebe ich das Dampfboot zur Wassermitte. Seht ihr, jetzt fährt es los, zwar langsam, aber dafür auch sehr lange.

Das Kerzenschiff

Nur noch ein kleines Stück Styropor habe ich übrig. Das reicht gerade noch für ein Schiff. Ein Schiff, das nicht ganz so schnell fährt, aber am schnellsten gebaut werden kann, das Kerzenschiff. Ein Stück Aluminiumfolie und ein Teelicht oder ein Kerzenstummel ist alles, was ich dazu brauche. In den Styroporrumpf schneide ich mit dem Messer einen Schlitz. Die Folie, z. B. Aluminiumfolie oder Schokoladenpapier, falte ich einige Male übereinander, besonders wenn sie sehr dünn ist, klemme sie in den Schlitz hinein und biege sie noch etwas nach hinten.

Darunter stelle ich die angezündete Kerze. Fertig, schon zieht das Kerzenschiff los. Es fährt, ohne daß sich etwas bewegt. Oder? Nein, Moment! Die warme Luft über der Kerze bewegt sich! Sie steigt auf, strömt unter der Folie nach hinten weg und drückt das Schiff nach vorne.

Die Pusteregatta

Wie bei dem Dampfboot ist dieser Antrieb nicht besonders stark. Deshalb kann auch das Kerzenschiff am Rand kleben bleiben, und es wird auch leicht durch Pusten oder Wind vom Kurs abgetrieben. Diese beiden Schiffe – das Dampfboot und das Kerzenschiff – laßt ihr besser in der Badewanne und nicht draußen fahren.

Das erinnert mich an die Pusteregatta – ein Spiel mit Kerzen, und ganz ruhig geht es dabei zu! Jeder Mitspieler baut sich aus Nußschalen, Korken-, Holz- oder Styroporstückchen oder was ihm sonst noch einfällt, ein kleines Schiff, das einen kleinen Kerzenstummel trägt. Alle Schiffe werden in eine Wasserschüssel gesetzt. In die Mitte der Schüssel kommt ein dicker Stein als Insel. Die Kerzen werden angezündet. Jetzt heißt es „Hände

weg". Jeder versucht durch Pusten sein Schiffchen um die Insel zu führen. Wie herum ist egal, aber behutsam und mit Gefühl! Denn wer seine Kerze auspustet, ist erst bei der nächsten Runde wieder dran!

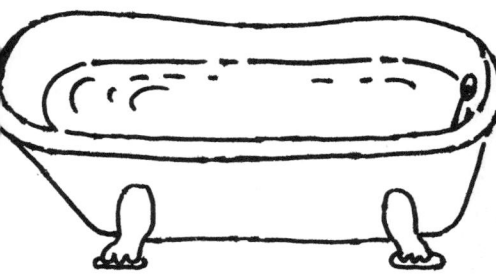

Sieht doch schön aus, wie sie so ruhig und still mit ihren Lichtern dahinziehen. Besonders abends, wenn man das Licht ausknipst.

Richtig seetüchtig sind unsere gebastelten Schiffe aber noch nicht, da fehlen noch Kajüten, Masten für die Schiffsflaggen, Anker und Reeling, damit keiner über Bord fällt, und natürlich ein Steuerruder.

Das Ruderblatt falte ich aus Aluminiumfolie, z. B. vom Deckel eines Joghurtbechers, und klemme es in einem Schlitz am Schiffsrumpf fest. So ein Ruder läßt sich leicht verstellen und auch wieder geradebiegen. Oder baut das Ruder doch gleich in einer perfekten Ausführung: mit einer Ruderpinne aus Draht. Zuerst biegt ihr ein ziemlich eckiges U, um das ihr einen Streifen Alufolie als Ruderblatt wickelt. Den Draht streckt ihr dann einfach durch den Schiffsrumpf und biegt ihn oben um. Fertig ist das Ruder mit Ruderpinne!

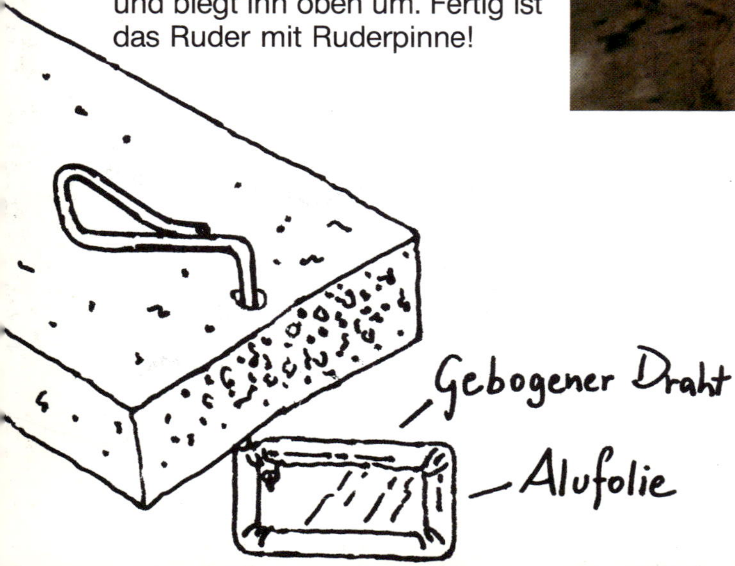

Gebogener Draht
Alufolie

Die Kajüte klebe ich aus Styroporteilen zusammen. Aber Vorsicht: Ihr solltet mit eurem Kleber unbedingt einige Teile probekleben, da manche Klebstoffe Styropor auflösen.

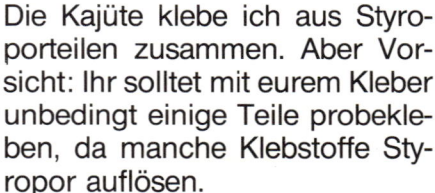

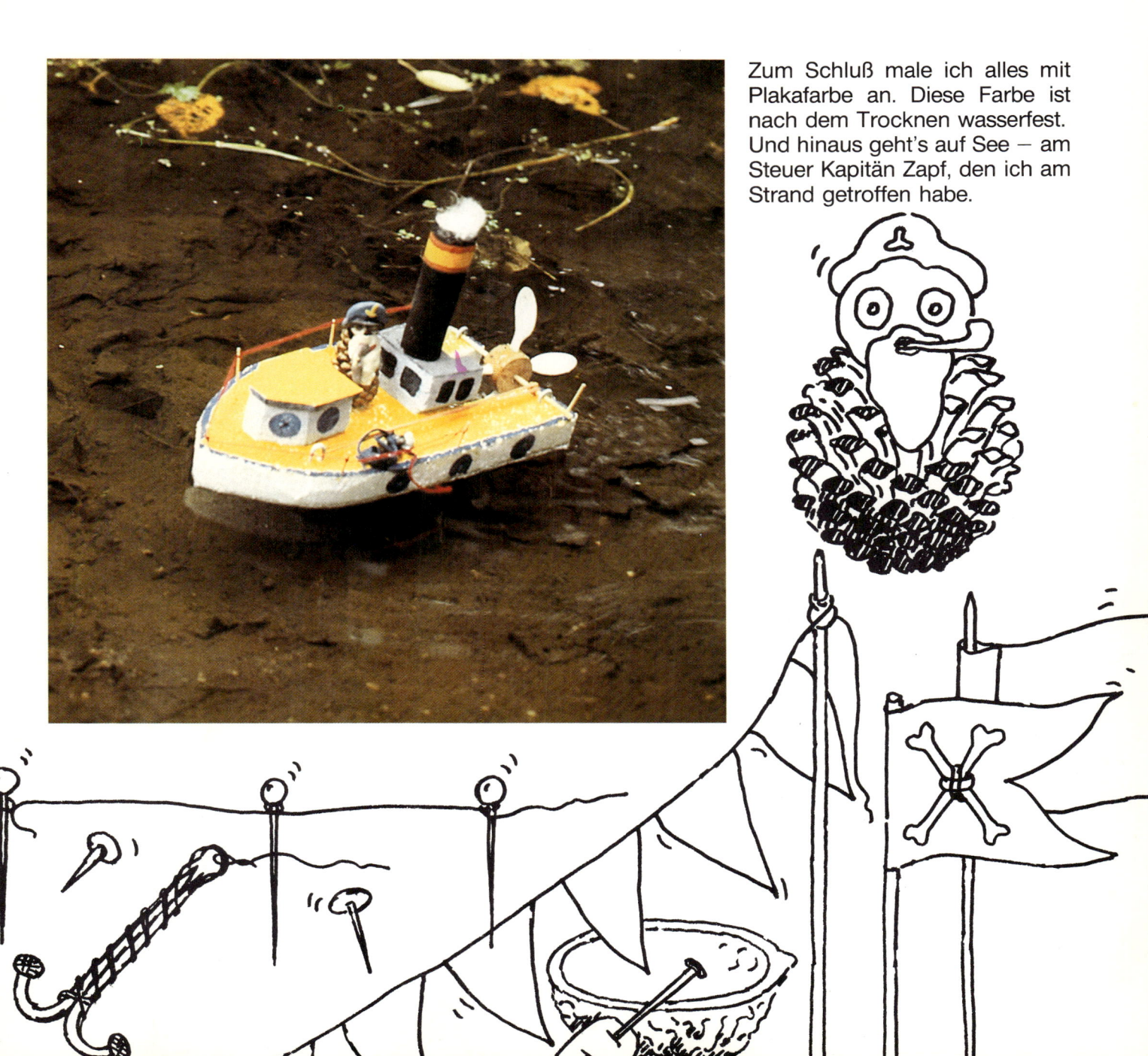

Zum Schluß male ich alles mit Plakafarbe an. Diese Farbe ist nach dem Trocknen wasserfest. Und hinaus geht's auf See — am Steuer Kapitän Zapf, den ich am Strand getroffen habe.

Wetter – selbstgemessen

Nanu, wie sieht der Zapfenkapitän denn heute aus? So dick und aufgeplustert! Dabei ist es hier drinnen doch warm und trocken. Ob heute alle Zapfen so aussehen? Ich schau' trotz des Regens mal draußen nach. Nein, die Zapfen draußen sind alle noch schlank. Hier habe ich einen mitgebracht.

Aber jetzt, am Nachmittag, ist er genauso dick. Scheint wohl ansteckend zu sein! Ich lege ihn mal wieder draußen hin, aber so, daß er nicht naß wird. Was meint ihr – nach kurzer Zeit ist er draußen wieder schlank und glatt geworden. Das Wasser macht's! Nicht nur Regen, auch die Feuchtigkeit, das Wasser in der Luft. Bei trockener Luft stehen die Schuppen ab, und bei Feuchtigkeit liegen sie an.

Warum sich die Zapfen so verändern? Ich glaube, es ist so:

Unter den Schuppen der Zapfen sitzt der Samen, aus dem neue Bäume wachsen können. Wenn es trocken ist, sollen die Samen herausfallen, die Schuppen öffnen sich. Aber bei feuchtem und nassem Wetter würde der Samen festkleben und sogar faulen. Das geschieht nicht, wenn die Zapfen die Schuppen dicht machen.

Moment mal! Wenn die Zapfen mir anzeigen, ob es feucht oder trocken ist, kann ich doch einen Feuchtigkeitsanzeiger damit bauen
– einen Zapfenzeiger.

Der Zapfenzeiger

Als Zeiger nehme ich einen Trinkhalm. An einem Ende schneide ich ihn ein, stecke ihn auf eine Schuppe des Zapfens und klebe ihn fest. So sehe ich genau, wie die Schuppen stehen. Den Zapfen drücke ich mit einem Ballen Knete auf ein Brett. Dann kann ich Zapfen und Zeiger später auch noch verstellen.

An das Holzbrett hefte ich mit Reißzwecken ein Stück Pappe.

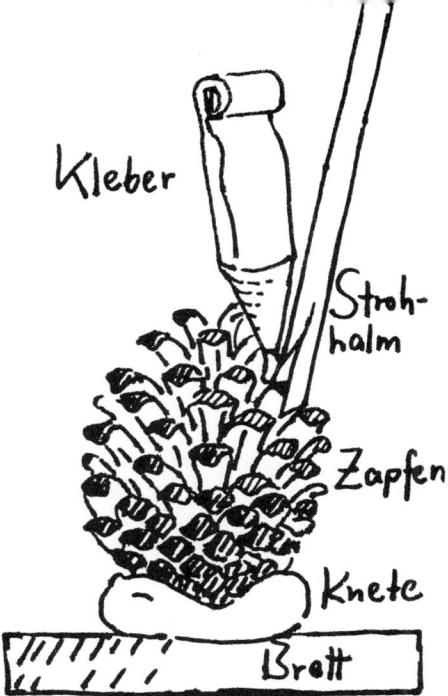

Der Zapfenzeiger wird draußen so aufgestellt, daß er im Regen nicht naß wird, z. B. in einer Ekke auf der Fensterbank. Und jetzt beobachte ich, wohin der Zeiger bei trockenem und wohin bei feuchtem Wetter zeigt. Diese Punkte male ich auf der Pappe auf und habe jetzt ein richtiges Meßinstrument für Feuchtigkeit. Macht auch bei Nebel eine Markierung: Feuchter kann es nicht werden.

Wenn wir schon einmal dabei sind: Wie wär's mit anderen Wetteranzeigegeräten? Also: Ich baue mir jetzt eine eigene meteorologische Station.

Der Regenmesser

Wieviel Wasser regnet es wohl auf die Erde – an einem Regentag zum Beispiel oder in einer Woche oder in einem Monat?

Schwer zu sagen, das Wasser fließt ja weg oder versickert im Boden. Aber wie hoch würde es stehen, wenn es nicht wegfließen könnte? So hoch, daß man schon nach einem Regentag mit einem Boot herumfahren könnte? Das müßte doch einfach herauszubekommen sein: Ich stelle draußen ein offenes Glas hin, in dem der Regen sich sammelt.

Damit nichts verdunstet, wenn es nicht regnet, nehme ich einen Trichter mit möglichst enger Tülle und ein Glas mit Deckel. Das Glas sollte nicht bauchig, sondern gerade sein, z. B. ein Marmeladenglas, und etwa so weit wie der Trichter oben. In den Deckel mache ich ein Loch für den Trichter. Bei einem Kunststoffdeckel brenne ich es mit einem heißen Nagel hinein, so wie beim Becher vom Wassermotorboot. Wie ihr ein großes Loch in einen Blechdeckel bekommt, wird bei der Luftballonflasche auf der Seite 30 beschrieben.

Wenn man jetzt den Trichter in das Loch gesteckt hat, kann nach dem Regen nur wenig Wasser durch die Trichtertülle verdunsten.

Wer seinen Regenmesser gemütlich vom trockenen Zimmer aus beobachten möchte, bastelt sich einen Halter für das Fensterbrett. Zusätzlich zu Glas und Trichter braucht er dann noch ein Stück Schlauch und zwei Holzstäbe oder Stöcke. Der Regen fließt durch den Schlauch in das Glas, aber nur, wenn der Trichter wirklich im Freien hängt und nicht durch eine überstehende Dachkante abgedeckt wird.

Der Windanzeiger

Macht also die Stöcke lang genug und legt sie so übereinander, daß zwischen die kurzen, überstehenden Enden gut der Trichter paßt. Ein Stück Kordel wird um den Trichter und die Stöcke fest herumgewickelt, verknotet und dann oben am Fensterrahmen befestigt. Auch wenn ihr im Erdgeschoß wohnt, ein Erwachsener sollte dabei helfen.
Wichtig ist, das Holzgestell und den Schlauch gut festzubinden, damit das Glas nicht vom Wind hin- und hergeschlagen wird und von der Fensterbank rutscht.

Wind? Richtig, der gehört ja auch zum Wetter! Die Wolken ziehen mit dem Wind; weht kein Wind, dann kann sich das Wetter auch nicht ändern. Also – zur Wetterbeobachtung brauche ich einen Windanzeiger.
Mein Windanzeiger dreht sich, ganz gleich aus welcher Richtung es weht. Trifft der Wind auf die hohlen Seiten der Schalen, fängt er sich darin und drückt die Schalen vorwärts. Bei den nach außen gewölbten Seiten gleitet er drumherum.
Aber woraus sind die Schalen gemacht? Genau, aus durchgeschnittenen Tischtennisbällen.

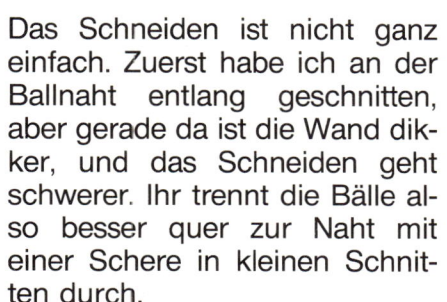

Das Schneiden ist nicht ganz einfach. Zuerst habe ich an der Ballnaht entlang geschnitten, aber gerade da ist die Wand dicker, und das Schneiden geht schwerer. Ihr trennt die Bälle also besser quer zur Naht mit einer Schere in kleinen Schnitten durch.

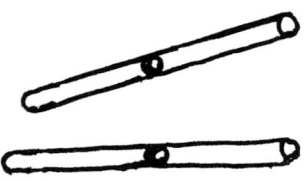

In zwei kurze Holzstäbe habe ich mit dem Handbohrer in die Mitte je ein Loch gebohrt.

Ein Gummiband hält sie als Kreuz zusammen.

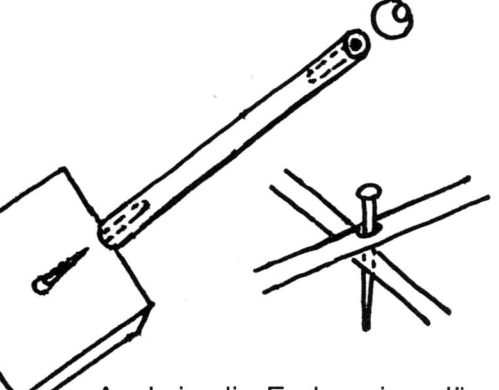

Auch in die Enden eines längeren Holzstabes, den ich als Stiel nehme, habe ich Löcher gebohrt, aber jetzt kleinere. Das untere Loch nimmt die Schraube auf, die durch den Holzfuß geht. Das obere Loch ist für den Nagel, um den sich das Kreuz mit den Schalen dreht.

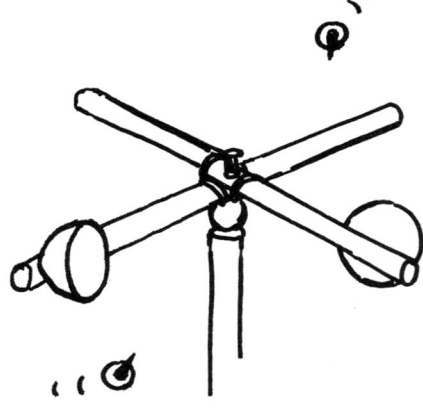

Die Schalen habe ich mit Reißzwecken an den Holzstäben befestigt.
Damit das Schalenkreuz sich besonders leicht dreht, habe ich noch eine Holzperle untergelegt, eine kleine Unterlegscheibe tut es aber auch.

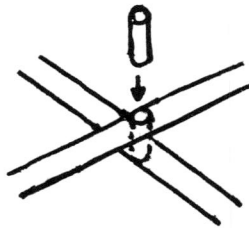

Noch ein Tip: Holz quillt auf, wenn es naß wird. Bei Regen können so die Löcher im Holzkreuz enger werden, und der Windanzeiger dreht sich dann vielleicht nicht mehr. Laßt ihn trocknen und schiebt dann ein Stück eines Trinkhalmes durch beide Löcher.

Das Flaschenthermometer

„Kalt sieht es heute draußen aus", denke ich manchmal, wenn ich aus dem Fenster sehe. Dann ziehe ich meine dicke Jakke an – und schwitze, weil es überhaupt nicht kalt ist. Wenn ich eine Flasche, einen möglichst dünnen und durchsichtigen Trinkhalm, Wasser, etwas Tinte und Klebstoff nehme, kann mir das bald nicht mehr passieren. Denn damit kann ich ein Thermometer bauen!
Die Flasche muß einen dichten Schraubverschluß haben. Genau richtig sind z. B. solche Saftflaschen, die beim ersten Öffnen so schwer aufgehen und ‚plopp' dabei machen.

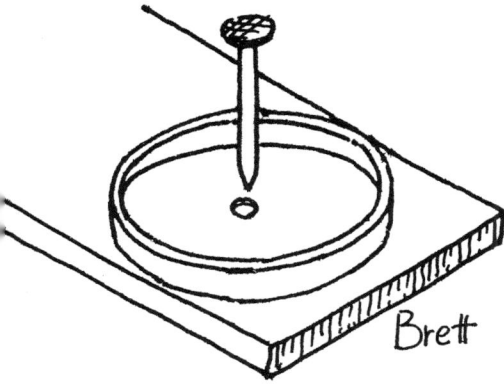

Die Verschlußkappe lege ich mit der flachen Seite auf ein Holzstück und haue mit einem Nagel – etwa so dick wie der Trinkhalm – und einem Hammer ein Loch hinein.

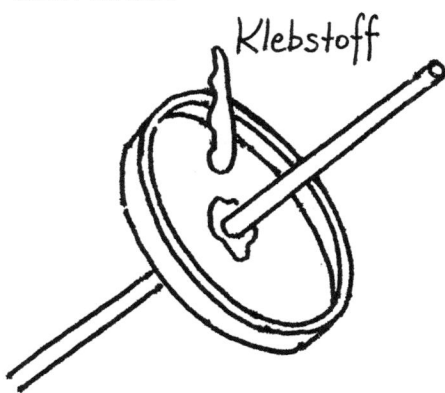

Durch das Loch schiebe ich den Trinkhalm und dichte den Lochrand auf der oberen und unteren Deckelseite mit Klebstoff ab.
Ich träufele einige Tropfen Tinte in die Flasche und fülle Wasser hinein, aber nicht zu viel. Der Trinkhalm soll nur ein Stück darin eintauchen.

Wenn ich jetzt den Deckel fest zuschraube, kann ich das Flaschenthermometer schon ausprobieren: Ich halte die Hände an die Flasche, dort, wo innen die Luft ist, und beobachte, was geschieht.
Das Wasser klettert langsam im Trinkhalm hoch. Die Luft in der

Flasche wird wärmer, sie braucht dann mehr Platz und drückt das Wasser nach oben. Je wärmer es ist, desto höher steigt das Wasser im Trinkhalm.

Auch hier noch ein paar Tips, falls ihr mein Flaschenthermometer nachbauen wollt:
Sollte der Halm zu kurz sein, setzt einen zweiten Trinkhalm darauf und umwickelt die Nahtstelle mit durchsichtigem Klebeband.

Im Winter gebt ihr einen Löffel Salz ins Wasser, damit euer Flaschenthermometer nicht einfriert.

Und steht für die ‚Badehose-Pullover-Jacken'-Anzeige das Wasser im Trinkhalm zu niedrig, pustet ihr durch den Halm etwas Luft in die Flasche. Aber vorsichtig, sonst ergeht es euch wie mir auf der nächsten Seite mit der Selbstüberlistungsflasche.

Flaschen, die überraschen
Die Selbstüberlistungsflasche

Tief Luft geholt und kräftig in die Flasche gepustet habe ich. Nur mal so – zum Spaß. Und – platsch – kam aus der Flasche ein Wasserstrahl zurück. Wie ein begossener Pudel stand ich da. Beim Brilleputzen wurde mir klar: Das mußte ja so kommen!

Durch das Pusten drückt sich die Luft in der Flasche zusammen. Die Luft kann aber nicht heraus. Sie drückt auf das Wasser, und das spritzt dann durch den Trinkhalm heraus, sobald ich aufhöre zu pusten und ihm den Weg durch den Strohhalm freigebe.

Der einzig Begossene will ich nicht bleiben! Wenn ihr es richtig macht, fallen bestimmt noch andere Leute darauf herein!

Die Selbstüberlistungsflasche wird genauso gebaut wie das Thermometer – sie hat nur einen dickeren Trinkhalm. Der knickt nicht so leicht und – es spritzt mehr Wasser heraus.

Baut euch eine solche Flasche und wettet mit euren Freunden:

Die Luft, die man in die Flasche pustet, kommt nicht wieder heraus!
Stimmt doch!

Und das es keine Luft ist, die da herauskommt, werden die nassen Gesichter schon zeigen!

Wichtig: Nicht zu viel Wasser in die Flasche einfüllen, damit genügend Luft zum Zusammendrücken bleibt. Der Deckel muß dicht schließen, also fest zudrehen.

Die Spritzflasche

Diese Flasche spritzt weiter und länger. Denn durch den zweiten Trinkhalm kann man beim Spritzen dauernd Luft hineinpusten. Zum Basteln braucht ihr wieder eine Saftflasche mit dichtem Deckelverschluß, Trinkhalme und Klebstoff. Trinkhalme mit Biegestück eignen sich besonders gut, sie erleichtern das Zielen.

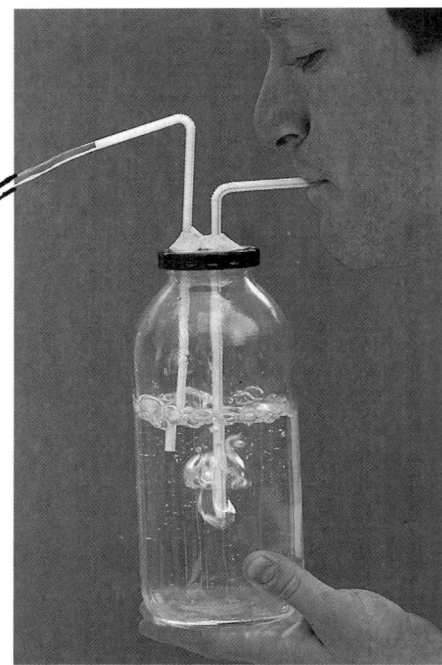

Ganz Eilige können die Lochränder auch mit Knete abdichten. Die Knete wird allerdings durch das Wasser bei längerem Gebrauch der Spritzflasche weich und matschig.
Der Klebstoff ist trocken? Los geht es mit der Wasserschlacht!

Die Löcher für die Halme schlagt ihr mit einem dicken Nagel (eine dickere Schraube tut es auch) und einem Hammer in den Deckel. Oder ihr bohrt sie mit einem Handbohrer hinein. Aufgepaßt, daß der Deckel sich nicht verbiegt! Dann schließt er nachher nicht mehr.

Legt deshalb den Deckel beim Nageln oder Bohren mit seiner flachen Seite auf ein Holzstück. Und bohrt nicht zu große Löcher, die Trinkhalme sollten beim Einschieben etwas klemmen. Dann verrutschen die Halme nicht, wenn ihr anschließend den Löcherrand ober- und unterhalb des Deckels mit Klebstoff (z. B. Alleskleber) abdichtet.

Jetzt braucht ihr nur noch etwas Geduld, bis der Klebstoff trocken ist.

Die Flasche, die sich nicht füllen läßt!

Es gibt noch mehr seltsame Flaschen — z. B. eine Flasche, die sich nicht füllen läßt.

Steckt auf eine Flasche einen Trichter mit möglichst enger Tülle und dichtet den Spalt dazwischen mit Knete oder Kaugummi ab.

So, und jetzt mit Schwung Wasser eingießen!

Das war wohl nichts, oder?

Nur ein paar Tropfen fallen in die Flasche. Obwohl sie doch leer ist, bleibt das Wasser im Trichter stehen.

Moment mal, leer ist die Flasche ja nicht, Luft ist drin! Und so lange die nicht heraus kann, fließt auch kein Wasser hinein. Das ändert sich auch nicht, wenn ihr einen Trinkhalm mit dem Finger zuhaltet und durch den Trichter in die Flasche steckt.

Jetzt hebt doch mal den Finger, und dann . . .?

Ein Trichter soll das Eingießen erleichtern und nicht verhindern. Die meisten Trichter haben daher außen Stege, damit die Luft seitlich entweichen kann. Und die Tülle ist schräg zugeschnitten, damit das Wasser heruntertropft und Luft im Trichter aufsteigen kann. Wenn es bei euch tropft, sägt die Tülle einfach gerade ab.

Der Kraftakt

Glaubt ihr, daß man mit bloßen Händen eine Flasche zusammendrücken kann? Nein? Dann paßt mal auf!
Über die Öffnung einer leeren Flasche ziehe ich eine Seifenblasenhaut. Dazu habe ich einen Tropfen Spülmittel in einen Teelöffel Wasser getan, einen Finger eingetippt und ihn langsam über die Flaschenöffnung geschoben.

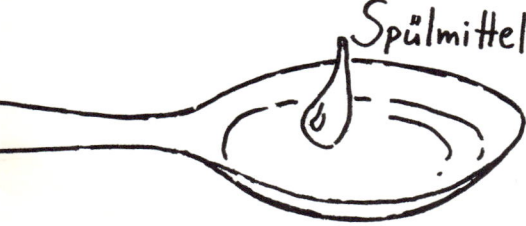

Jetzt lege ich die Hände um den Flaschenbauch, drücke ganz fest und – die Seifenhaut bläht sich tatsächlich auf! Was sagt ihr nun? Hab' ich die Flasche zusammengedrückt?

Nein, ich bin doch kein Kraftprotz!

Die Luft in der Flasche wird durch meine Hände erwärmt und dehnt sich aus. Aber das bleibt unser kleines Geheimnis...

Der Ballon in der Flasche

Einen Luftballon aufzublasen, das ist doch nicht schwer. Und wenn er aufgepustet ist und nicht zugehalten wird, macht es pffft!, und die Luft geht sofort wieder heraus.
Ihr meint, das weiß doch jeder, das ist immer so?
Dann nehmt doch mal eine leere Saftflasche mit dichtschließendem Deckel, ein Stückchen Schlauch, einen möglichst kleinen Luftballon und Klebstoff. In den Deckel kommt ein Loch, in das der Schlauch hineinpaßt. (Wie man das auch ohne Bohrer schafft, erklär' ich gleich auf S. 30.)
Den Spalt zwischen Deckel und Schlauch dichtet ihr von oben und unten mit Klebstoff ab.
Nach dem Trocknen zieht ihr den Ballon auf das eine Schlauchende und schraubt den Deckel fest auf die Flasche.

Und jetzt den Ballon in der Flasche aufblasen!

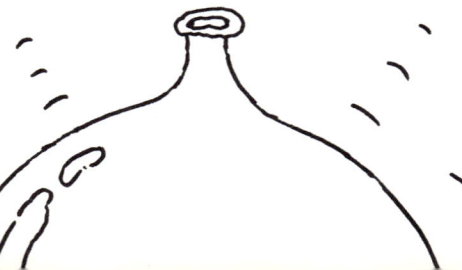

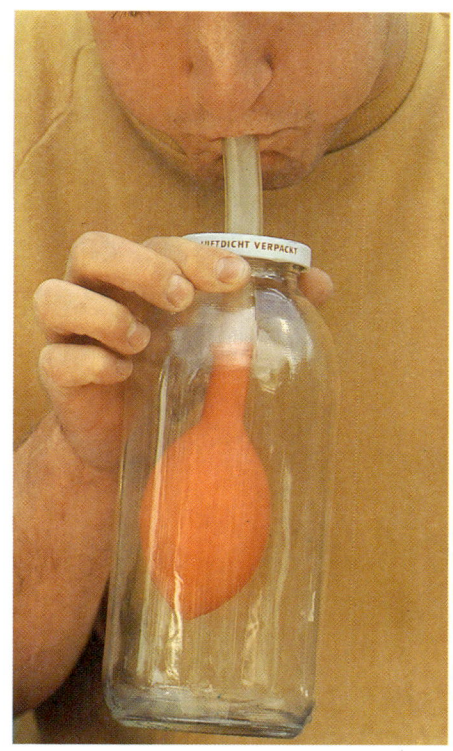  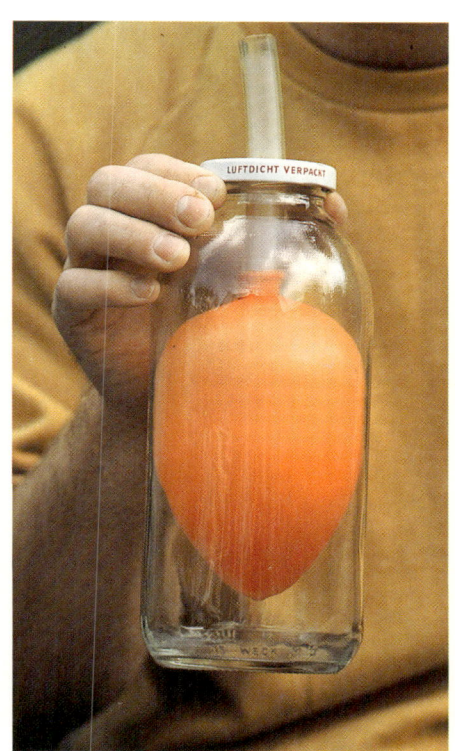

Das geht nicht? Strengt euch mal an!
Das hilft auch nicht? Na bitte, es ist wohl doch nicht so leicht, einen Luftballon aufzublasen!

Öffnet den Deckel ein wenig und versucht es noch einmal.
Jetzt geht es plötzlich!

Warum? Mal überlegen . . . Zum Aufblasen braucht der Ballon Platz und drückt bei geschlossener Flasche die Luft darin zusammen. Diese drückt zurück, solange sie nicht heraus kann.

Es geht aber noch weiter. Wenn ihr den Ballon in der Flasche aufgeblasen habt, schraubt den Deckel fest zu.
Nanu, der Ballon bleibt aufgepustet, auch wenn ihr gar nicht mehr in den Schlauch blast! Obwohl er noch außen offen ist und man durch den Schlauch in den Ballon hineinsehen kann, geht die Luft nicht heraus.

Wie kommt denn das?
Wenn ihr den Deckel etwas lockert, merkt ihr, warum. Erst jetzt kann sich der Ballon zusammenziehen, weil Luft in die Flasche einströmt und den Platz des aufgeblasenen Ballons auffüllt.

Der Flaschengeist

Bei einer leeren Flasche, die eine zeitlang im Kühlschrank gelegen hat, befeuchtet ihr die Öffnung mit Wasser und deckt sie mit einer Münze ab.

Wenn ihr jetzt eure Hände um die Flasche legt, weckt ihr den Flaschengeist.

Er klopft von unten gegen die Münze: Sie bewegt sich und klappert manchmal sogar.

Ihr glaubt nicht an Geister? Probiert es doch aus!

Tips zum Löchermachen

Das Loch für den Schlauch in den Deckel zu **bohren**, ist nur mit einer elektrischen Bohrmaschine und einem dicken Bohrer möglich. Dazu solltet ihr einen Erwachsenen um Hilfe bitten.

Aber es geht auch anders – mit Hammer, Nagel und Schraubenzieher.

Auf die Deckelinnenseite zeichnet ihr einen Kreis in der Dicke des Schlauches. Dann legt ihr den Deckel mit der flachen Seite auf ein Holzstück und schlagt mit Hammer und Nagel am Kreis entlang Löcher hinein.

Wenn ihr einmal rundherum seid, sieht es schon nach einem großen Loch aus, wenn nicht die Stege zwischen den kleinen Löchern wären.

Auf die setzt ihr den Schraubenzieher (es sollte nicht Vaters bester sein) und schlagt sie der Reihe nach aus.

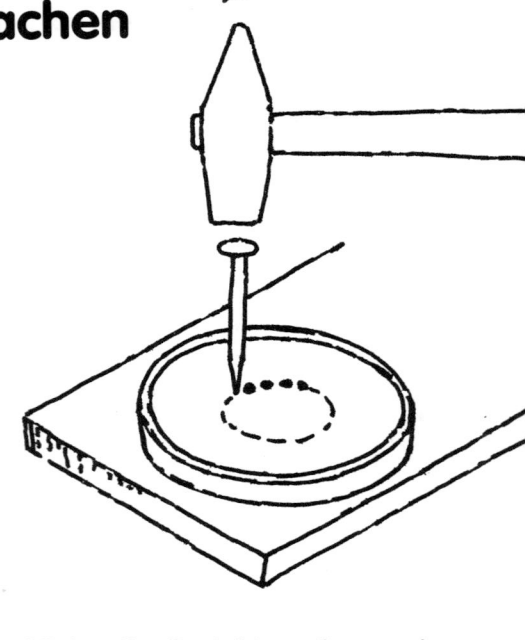

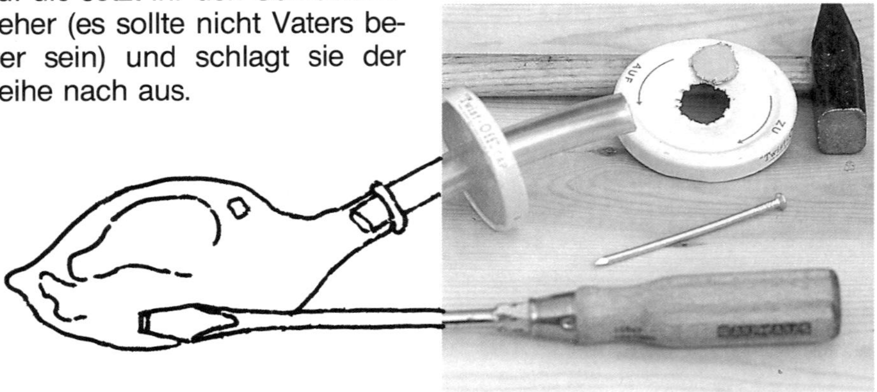

Nicht die Geduld verlieren, das Ganze dauert zwar länger als Bohren, dafür habt ihr das Loch auch selbst gemacht.

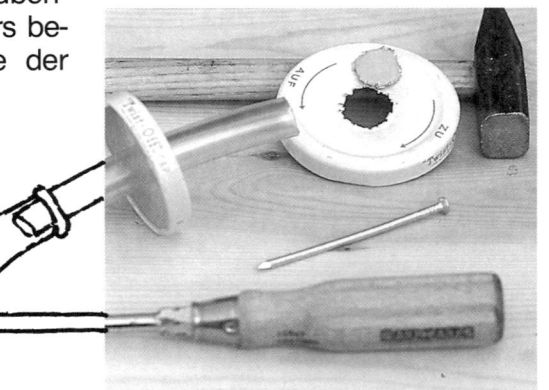

Flaschentaucher

In den Flaschen, die ihr hier seht, sind Taucher an der Arbeit – Taucher mit Fernsteuerung.

Drückt man auf den Deckel, tauchen sie unter. Läßt man los, tauchen sie wieder auf. Und im Wasser schweben lassen kann man sie auch. Probiert es mal aus!

Ihr könnt dazu Flaschen und Gläser mit dichtschließendem Deckel (Saftflaschen, Würstchengläser mit Vakuumverschluß) oder Flaschen mit dazu passender Gummikappe (gibt es in der Drogerie) verwenden. Besonders gut eignen sich z. B. Shampoo-Flaschen aus durchsichtigem Plastikmaterial, weil man da an jeder beliebigen Stelle der Flasche drücken kann. Allerdings müßt ihr, wie bei den Glasflaschen auch, mit warmen Wasser und einer Bürste das Etikett entfernen.

Dann braucht ihr noch ein leeres Parfümprobefläschchen oder ein Aroma-Fläschchen. Wenn das Zitronenaromafläschchen noch nicht ganz leer sein sollte, könnt ihr ja einfach Heißhunger auf Zitronenkuchen anmelden.

Zuerst wird das Fläschchen soweit mit Wasser gefüllt, daß es gerade noch schwimmt, und zwar mit der Öffnung nach un-

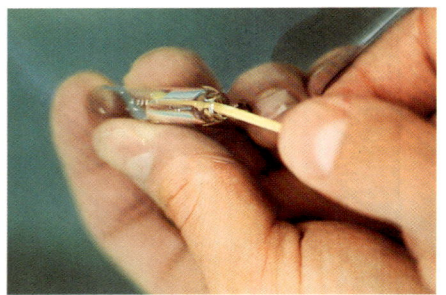

ten. Am besten probiert ihr das nicht gleich in der Flasche, sondern erst im Waschbecken aus. Wenn es untergeht, ist das Herausholen dort einfacher.
Zum Füllen habe ich das leere Fläschchen mit der Öffnung nach oben unter Wasser gehalten. Weil die Luft nicht von alleine herausblubberte, habe ich ein Streichholz hineingesteckt. Dabei perlen einige Luftblasen hoch. Zieht man das Streichholz wieder heraus, fließt dafür Wasser hinein. Wenn das Taucherfläschchen gerade eben noch schwimmt, wird es mit dem Finger zugehalten und mit der Öffnung nach unten in die bis zum Rand gefüllte Flasche gesetzt. Jetzt den Deckel fest zuschrau-

ben, bzw. die Gummikappe aufziehen, und der Tauchkurs kann beginnen.
Wenn ihr nun herausbekommen

wollt, warum der Taucher die Deckeldruck-Anweisungen so prompt ausführt, dann schaut ihn euch genauer an. Achtet besonders auf die Luftblase!
Beim Druck auf den Deckel (oder auf den Flaschenkörper bei der Plastikflasche) wird sie – na – kleiner, genau!

Durch den Druck preßt ihr zusätzlich Wasser in das Fläschchen, und die Luft wird zusammengedrückt. Damit wird der Taucher schwerer und sinkt. Wenn der Deckeldruck nachläßt, dehnt die Luftblase sich wieder aus und preßt dabei Wasser heraus: Der erleichterte Taucher steigt auf.
Auch Streichholzköpfe funktio-

nieren als Flaschentaucher, zumindest die meisten. Ich schneide sie dazu dicht hinter dem roten Zündkopf ab, und das gleich bei mehreren, weil nicht alle es nachher tun. Der Zündkopf ist zwar schwerer als Wasser, aber er ist porös und enthält viele Luftbläschen. Die werden zusammengepreßt, wenn ihr oben auf den Deckel drückt – aber das kennt ihr ja schon.

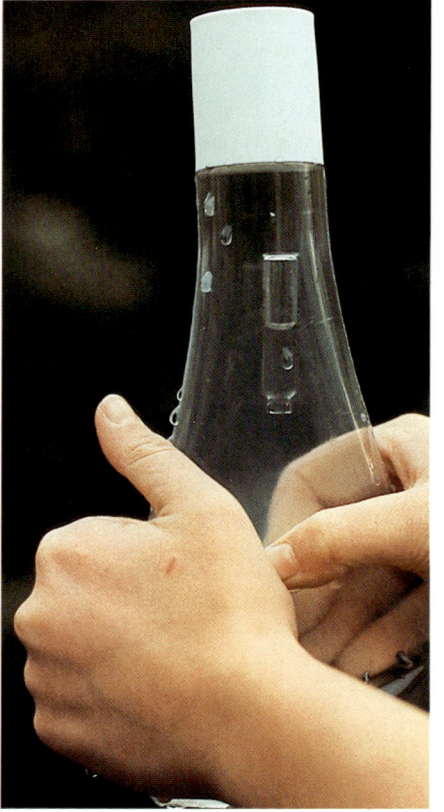

Die Tauchteufel in der anderen Flasche habe ich mal auf der Kirmes gekauft. Sie funktionieren genau so wie die selbstgebauten. Nur liegt bei ihnen das Loch, durch das Wasser hinein- und herausgepreßt wird, seitlich.

Deshalb drehen sie sich und tanzen beim Tauchen.

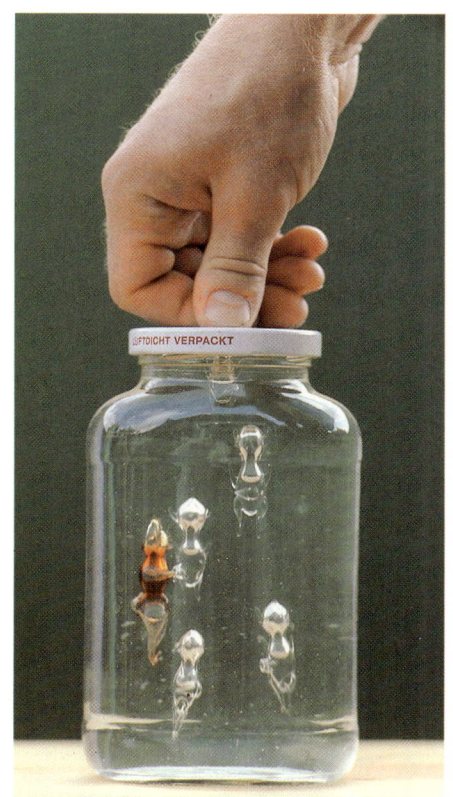

Die Flaschenausgießwette

Wer kann schneller eine Flasche ausgießen, ihr oder ich?
Auf die Plätze! Fertig! Los!

Wenn ihr die Flasche einfach auf den Kopf stellt, platscht und gluckst es zwar mächtig – Wasser raus – Luft rein – Wasser raus... Aber ihr verliert, denn im Ausgießen bin ich schneller. Ich halte die Flasche auch auf dem Kopf, aber mit einer Hand drehe ich sie oben einige Male schnell im Kreis. Dadurch bildet das Wasser einen Wirbel wie beim Ablaufen von Badewasser.

In der Mitte kann beim Ausfließen dauernd Luft einströmen und, das wißt ihr ja schon: Wo

keine Luft rein kann, kann kein Wasser raus.
Pssscht, ist die Flasche leer!
Übt das Schnellausgießen zuerst über der Badewanne oder, noch besser, draußen. Sonst heißt die nächste Wette: Wer kann am schnellsten aufwischen!

Schnelle Knöpfe für helle Köpfe

Knacks – jetzt wollte ich das Ausgießen besonders schnell schaffen, und da springt mir doch ein Knopf vom Hemd ab! Weg ist er!

Die Wühlerei in meiner „Reparatur"-Schublade beginnt. Dieser Knopf ist zu groß, der nächste zu klein, und der da hat die falsche Farbe. Moment mal, aber mit dem kann man doch ...

Schnell einen Faden gesucht, Zwirnfaden oder nicht zu dicken Bindfaden, und ihn durch zwei einander gegenüberliegende Löcher im Knopf gezogen und die Enden verknotet!

Wie war das noch? Den Faden mit dem Knopf in der Mitte zwischen beiden Händen ausspannen, die eine Hand einmal herumdrehen, so daß der Faden einmal verdreht ist und dann den Knopf herumwirbeln! Damit verdrillt sich der Faden – aber mit Gefühl! Der Knopf dreht sich schneller, er surrt richtig. Und aufgepaßt: Von dem Augenblick an, in dem sich der Faden ganz abgedreht hat, nicht mehr ziehen, sondern locker lassen.

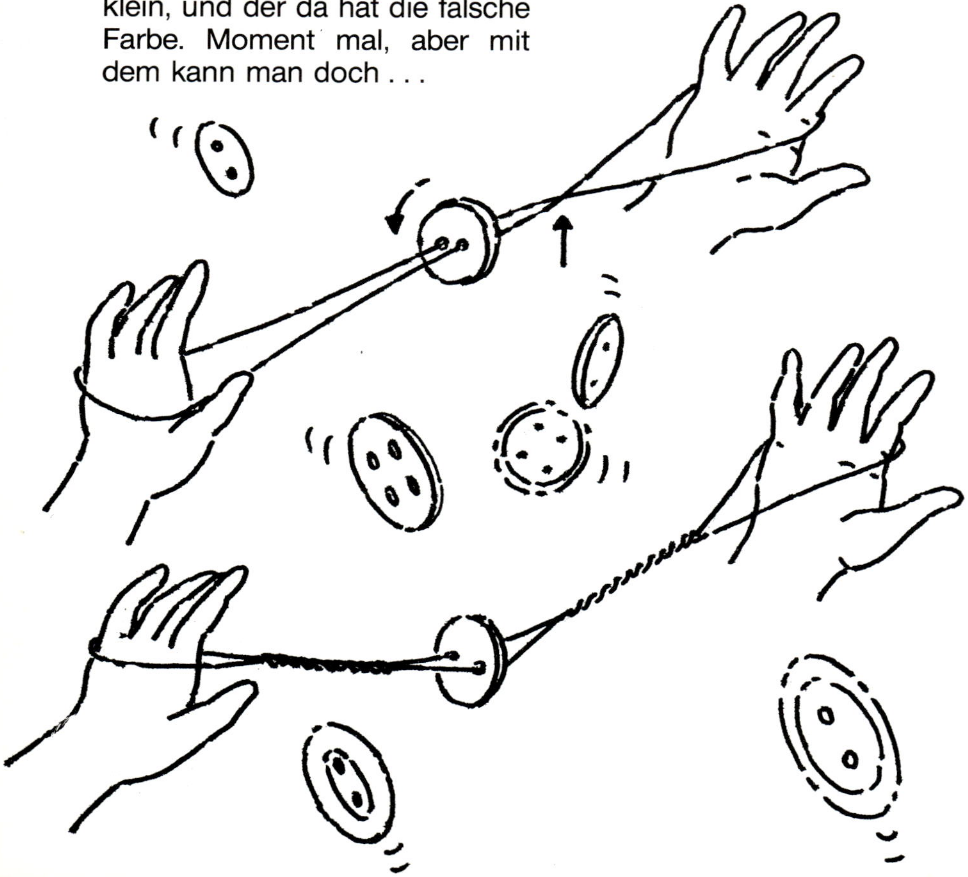

Der Knopf rast weiter und verdrillt den Faden in der anderen Richtung. Dabei wird er immer langsamer. Und wenn er steht, muß man wieder ziehen! So lange, bis der Faden wieder abgedrillt ist. Das hört sich ganz schön kompliziert an, geht aber eigentlich ganz einfach. Probiert es doch mal.

Schaut mal her, der Knopf hat gar keine Löcher mehr! So sieht es wenigstens aus, wenn er sich ganz schnell dreht. Wie würde das wohl aussehen, wenn er bunt wäre?

Schade, daß man auf einem Knopf schlecht malen kann. Na, es muß ja auch nicht bei einem Knopf bleiben. Hier kommen noch mehr seltsame Drehwürmer ...

Die Trickbildscheibe

Man kann einen Bierdeckel oder eine zurechtgeschnittene runde Pappscheibe mit Klebstoff oder doppelseitigem Klebeband (Teppichband) am Knopf befestigen und bunt anmalen.

Bei der Pappscheibe nicht die Löcher für den Faden vergessen und den Knopf genau in der Mitte aufkleben, sonst eiert er nachher.

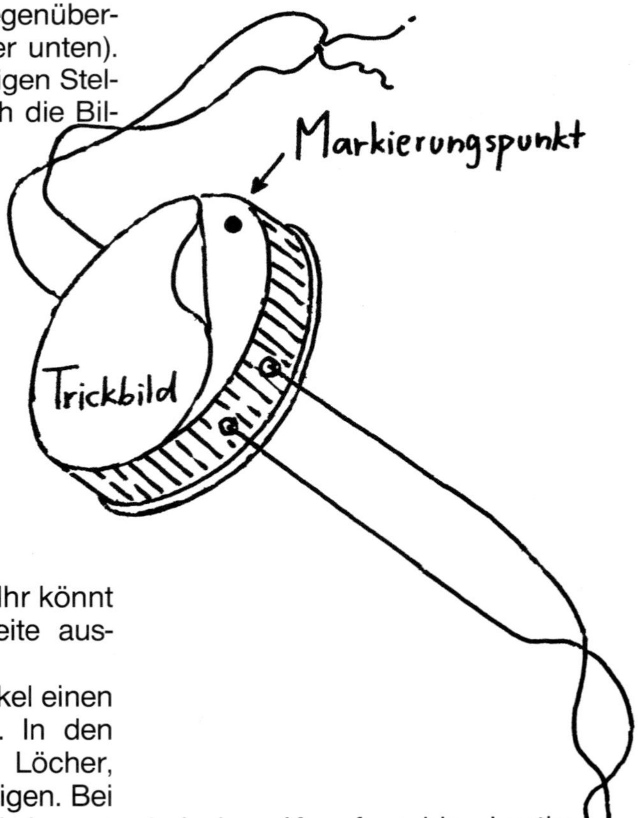

Die kleinen Scheiben auf der nächsten Seite schneidet ihr aus und klebt sie mit den zusammengehörigen Seiten nach außen in und auf den Deckel eines Marmeladen- oder Würstchenglases, und zwar so, daß die roten Punkte einander gegenüberliegen (einer oben, einer unten). Wenn ihr sie nur an einigen Stellen festklebt, lassen sich die Bilder leicht wieder lösen. Ihr könnt dann auch die Rückseite ausprobieren.

Wichtig ist, daß der Deckel einen seitlichen Rand besitzt. In den Rand macht ihr vier Löcher, dort, wohin die Pfeile zeigen. Bei einem Kunststoffdeckel brennt ihr die Löcher mit einem heißen Nagel ein, bei einem Deckel aus Blech klopft ihr sie mit Hammer und Nagel hinein (nicht vergessen, ein Holzstück dabei unterzulegen!). Nachdem ihr einen Faden hindurchgezogen habt, geht das Drehen genauso wie bei dem Knopf vorhin. Lustig, was herauskommt? Aber eigene Bilder machen noch mehr Spaß!

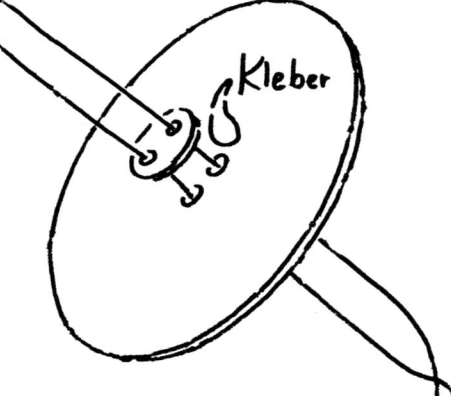

Ihr fragt sicher: Warum denn überhaupt der Knopf? Ich habe es ohne Knopf versucht: Die Fadenlöcher reißen in der weichen Pappe bald ein, und dann funktioniert das Drehen nicht mehr. Und jetzt den Deckel buntmalen! Welche Farben? Probiert es aus, beim Drehen sieht alles schön aus.

Das Deckelkino

In einen Bierdeckel oder eine nicht zu dicke Pappscheibe schneidet ihr acht Schlitze. Dazu legt ihr den Deckel zunächst auf die Vorlage und zeichnet die Lage der Schlitze auf.
Markiert auch gleich die Deckelmitte. Ihr findet sie, wenn ihr ein Lineal an die eingezeichneten Pfeile legt und zwei Linien auf den Deckel zeichnet.

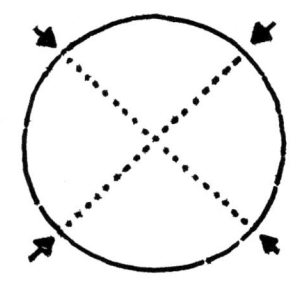

Dann streicht ihr den Deckel mit Wasser- oder Plakafarbe möglichst dunkel, schwarz oder blau, an. Durch die Deckelmitte steckt ihr einen Schaschlikstab. Die Programmscheibe kommt an das andere Ende des Stabes. Die Scheiben sitzen fester, wenn ihr sie zwischen durchgeschnittenen Flaschenkorken einklemmt.

Nun dreht ihr den Stab zwischen den Fingern und schaut dabei die Bilder durch die Schlitze an.

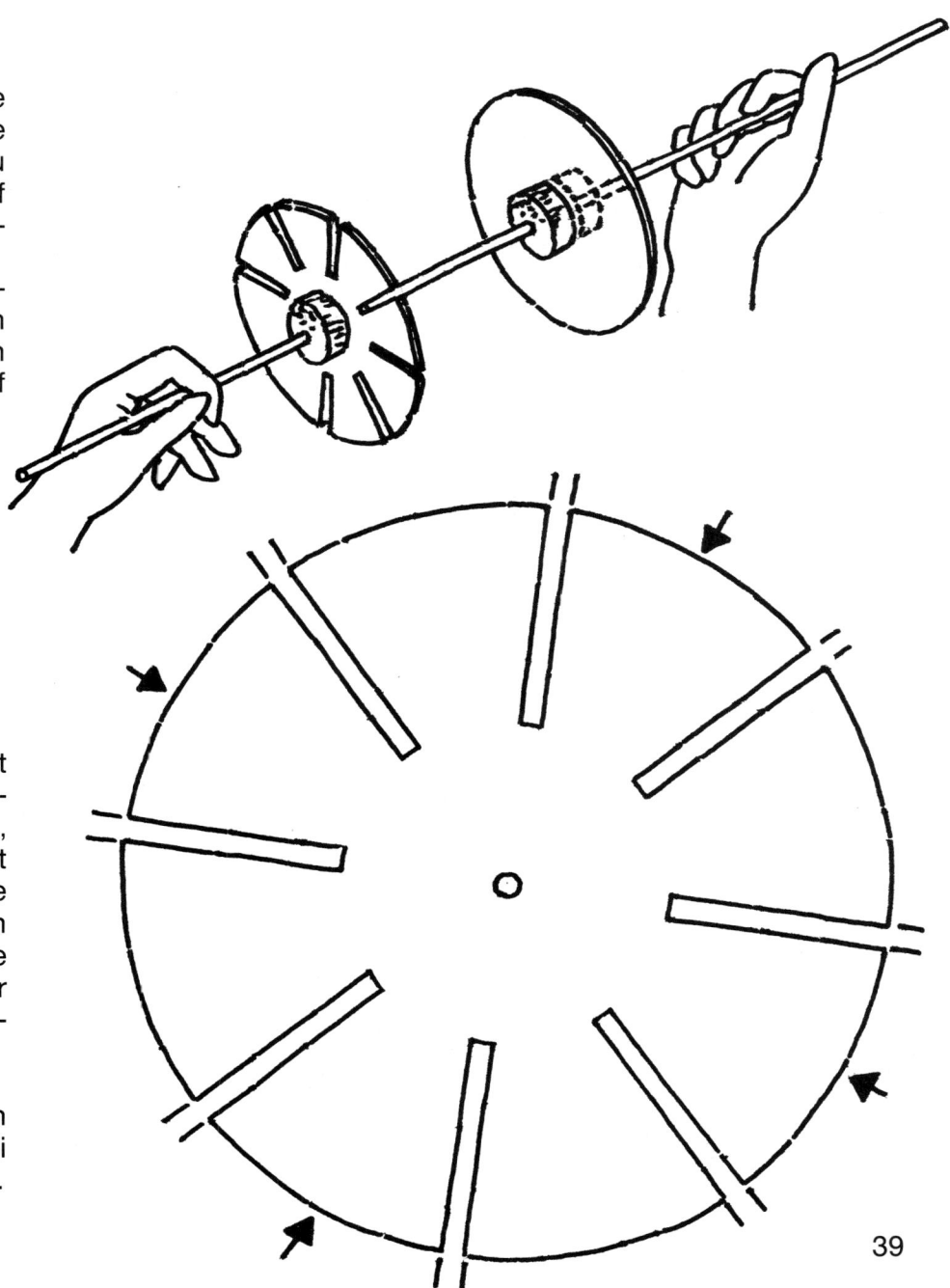

40

Schlaue Schläuche – und keine lange Leitung

Ich geb's zu. Ich bin ein Limonadendieb. Die Sache passierte bei einem Gartenfest, und zwar, bevor es überhaupt begann.

Ich war zu früh gekommen, der Gastgeber war nicht zu sehen, und vor mir stand ein Krug leckerer Limonade auf dem Tisch. Ich hatte Durst – nur ein, zwei Schluck, ohne daß es jemand merkt. Also mußte ich mich klein machen, aber an die Limonade kam ich trotzdem ran. Ich hatte doch ein Stück Schlauch dabei, damit könnte ich doch ... Erst ansaugen und dann ...

Köstlich, hmm! Nur noch ein Schlückchen ...

Äh! Es hörte nicht mehr auf zu laufen! Ich wurde ganz naß und klebrig. Wieso hörte das denn nicht auf, ich hatte doch längst aufgehört zu saugen! Ich war patschnaß, und die ersten Gäste, die kurz danach kamen, haben sich köstlich amüsiert.

Macht nichts! Mich interessiert viel mehr, seit wann Limonade von selbst aus einem Krug nach oben fließen kann. Ich habe immer geglaubt, von alleine geht es nur bergab. Das möchte ich jetzt doch genau wissen!

Wenn ich einen Trichter auf den Schlauch stecke und Wasser hineingieße, fließt es am unteren Schlauchende heraus. Hebe ich das Schlauchende langsam hoch, läuft das Wasser weiter aus, solange ich das Schlauchende tiefer als den Trichter halte. Halte ich das Ende höher, hört das Wasser auf zu fließen und steht auf beiden Seiten gleich hoch. Klar, deshalb kann ich ja aus einer Gießkanne gießen!

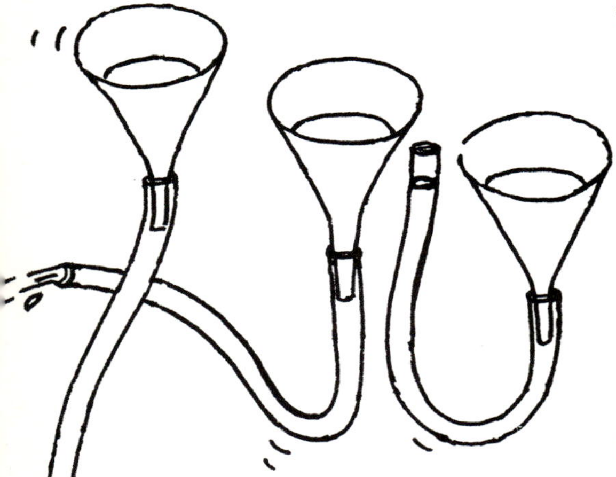

Aber wie war das bei der Limonade?
Ich nehme mal zwei Flaschen, die höhere mit Wasser soll der Krug sein und die andere – ähem – ich. Jetzt stecke ich den Schlauch in die Flaschen. Der Schlauch bleibt leer, es läuft nichts!

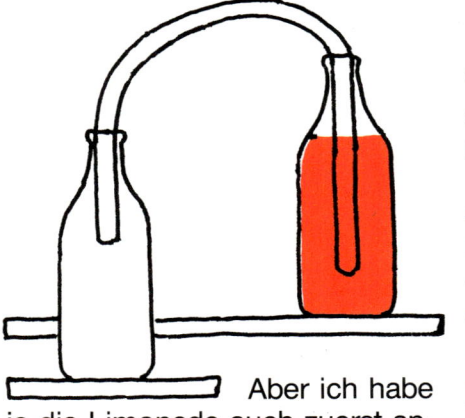

Aber ich habe ja die Limonade auch zuerst angesaugt. Das mache ich jetzt auch. Und richtig, das Wasser beginnt zu fließen, und es fließt so lange bis es auf beiden Seiten gleich hoch steht.

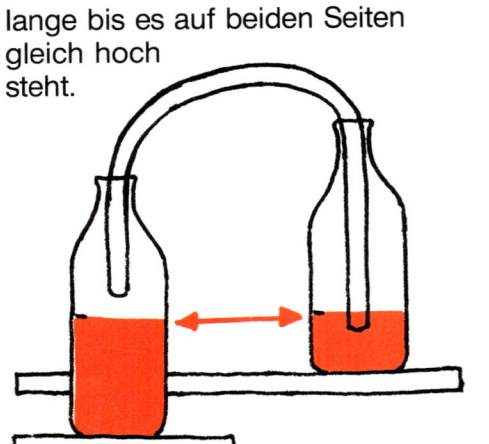

Wasser fließt also auch bergauf, aber nur, wenn es auf der anderen Seite tiefer heruntergeht.

Sehr praktisch ist das. So kann ich zum Beispiel das Wasser aus der vollen Auffangschale beim abgetauten Kühlschrank ausfließen lassen, ohne die Schale herauszunehmen und dabei das Wasser zu verschütten: Einfach einen Schlauch oder biegbaren Trinkhalm in das Wasser hineinhalten, ansaugen und das Schlauchende tiefer als die Schale halten! Schon fließt das Wasser aus.
Ach ja, nicht vergessen, einen Topf unterzustellen!

Und wenn euch vielleicht auch mal der Saft oder die Erdbeermilch zu hoch stehen – machts wie ich – nehmt einen Schlauch. Aber einen mit Absperrhahn!

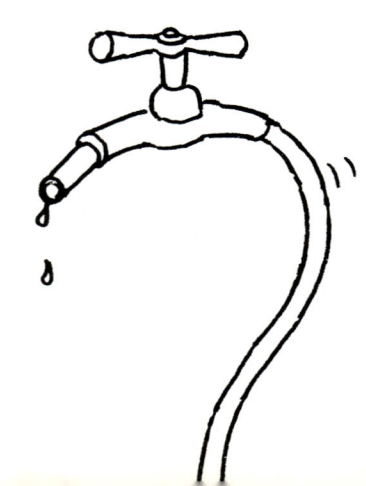

42

Die Schlauchwaage

Wenn ich noch mehr Probleme auf so einfache Art löse, dann könnte ich doch auch anderen Leuten damit helfen. Schließlich bin ich jetzt schon Fachmann für Schiffsantriebe, Wetterstationen, Flaschen, Wasserstände ...
Ich hab's! Ich male ein großes Schild: „Peter Lustig, Fachmann für alles". Dann werden die Leute schon mit ihren Problemen kommen.
Aber erst einmal habe ich selbst ein Problem: Schon dreimal habe ich das Schild festgenagelt und anschließend wieder abmontiert. Jedesmal hing es schief. Erst war es auf der rechten Seite zu hoch, dann links zu hoch, und dann wieder rechts, aber keinmal gleich hoch auf beiden Seiten.
Ein toller Fachmann, der nicht einmal sein Firmenschild gerade aufhängen kann!

Eine Wasserwaage müßte ich haben! Hab' ich aber nicht. Kaufen? Nee, es geht auch billiger! Ich hab' doch Wasser und einen Schlauch! Natürlich, das ist die Lösung! Wasser steigt ja in einem Schlauch in beiden Enden gleich hoch. Ich klebe den Schlauch wie ein langes U mit Klebeband am Schild fest, dann sehe ich genau, ob es rechts und links gleich hoch ist.

Die Wasserwaage

Auch eine richtige Wasserwaage läßt sich mit einem Stück durchsichtigem Schlauch leicht bauen. Das Schlauchstück wird bis auf eine Luftblase mit Wasser gefüllt, in das einige Tropfen Tinte und ein Tropfen Spülmittel geträufelt werden. Mit zurechtgeschnittenen Korkstücken wird der Schlauch verschlossen und leicht nach oben gebogen auf einem geraden Holzbrett mit Kleberand oder Leitungsschellen befestigt. Dann stellt man das Brett auf eine waagerechte Fläche, markiert die Lage der Luftblase mit einem Filzschreiber, und die Präzisions-Wasserwaage ist fertig.

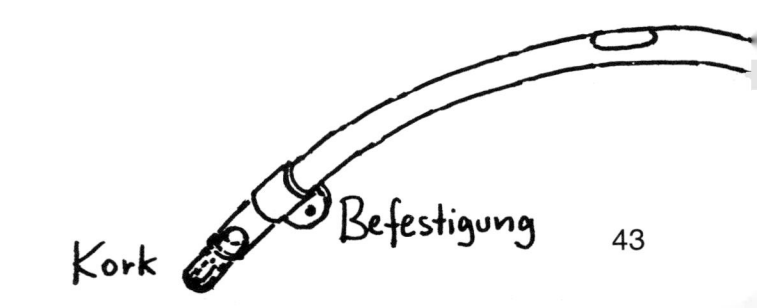

Kork Befestigung

Da wir gerade von Schläuchen reden: Nicht nur Wasser fließt durch Schläuche, auch Töne und Geräusche werden hindurchgeleitet.

Das Hörrohr

Steckt einen Trichter auf das eine Ende eines Schlauchstücks und haltet das andere Ende dicht ans Ohr. Dann könnt ihr leise Geräusche, wie das Sprudeln von Limonade im Glas oder das Schlagen eures Herzens, laut und deutlich hören.
Wenn ihr über den Trichter ein Stück Pergamentpapier oder anderes festes Papier spannt, hört es sich sogar gewaltig an, wenn ein Käfer darauf herumkrabbelt.

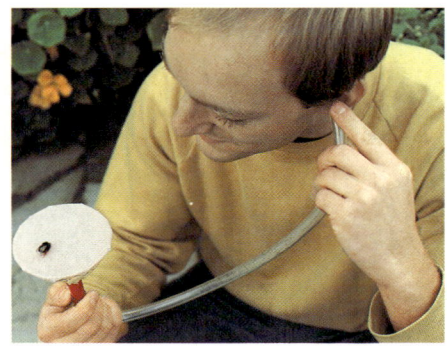

Das Schlauchtelefon

Mit zwei aufgesteckten Trichtern wird jeder Schlauch zu einem Schlauchtelefon. Ein Gartenschlauch beispielsweise eignet sich prima dafür. Selbst Flüstern an einem Ende kann man am anderen Ende noch verstehen.
Wenn es nicht funktioniert, dann steht noch Wasser im Schlauch. Das müßt ihr zuerst herauslaufen lassen.
Bei der Verlegung dieses Schlauchtelefons solltet ihr einplanen, daß Gartenfreunde oft darauf bestehen, den Schlauch für andere Zwecke zu verwenden!

Das Rechts-Links-Klopfspiel

Haltet ein nicht zu langes Schlauchstück hinter dem Kopf mit jedem Ende an ein Ohr.
Dann klopft jemand, z. B. mit einem Bleistift, irgendwo auf den Schlauch. Ohne es zu sehen, könnt ihr doch erstaunlich genau feststellen, ob auf der rechten oder linken Schlauchhälfte oder in der Mitte geklopft wurde. Wie? Ihr hört es einfach!

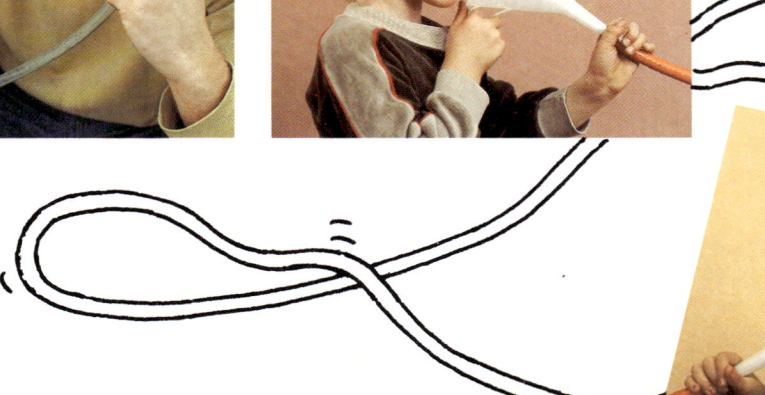

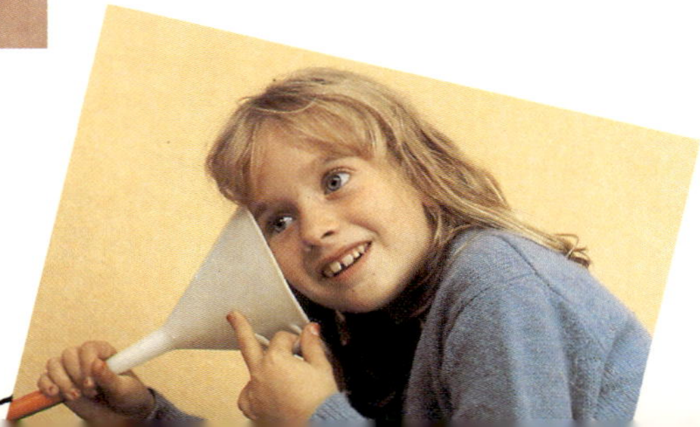

Das Pustekraft-Meßgerät

„Wer pustet am kräftigsten?"
„Ich!" kann jeder rufen, aber das gilt nicht. Beweisen muß er es!

Und das kann er mit meinem gerade erfundenen Pustekraft-Meßgerät.
Dazu brauchen wir etwa zwei Meter durchsichtigen Schlauch, nicht zu dünn, eine Latte, etwa einen Meter lang, und Klebeband.
Der Schlauch wird wie ein U längs um die Latte gelegt und mit dem Klebeband daran festgeklebt. Er wird bis zur Hälfte gefüllt, erst einmal mit Wasser, zum Ausprobieren. Später könnt ihr zum Beispiel Himbeersaft nehmen, den sieht man besser. (Man braucht auch nicht viel davon für eine Füllung.)

Und jetzt tüchtig pusten!

Wenn ihr zu kräftig seid und das Wasser herausblast, stopft das freie Schlauchende mit einem Korken zu. Das Wasser steigt beim Pusten dann weniger hoch, weil nicht nur das Wasser hochgedrückt wird, sondern auch noch die Luft darüber zusammengepreßt werden muß.

Wer nun das Wasser an die höchste Stelle bläst (markieren!), hat die meiste Puste.

Kästen für Kenner

Ein komischer Kasten

Höchste Zeit, mal aufzuräumen!

Alles steht voll, überall stapelt es sich, nirgends mehr ein freier Platz.

Ich kann nun mal schlecht Sachen wegschmeißen. Ihr seht ja selbst, mit fast allem kann man noch etwas anfangen.

Trotzdem – die Kästen, Kisten und Schachteln hier nehmen einfach zu viel Platz weg. Ich sehe mal nach, wo noch etwas drin ist und welcher Kasten noch zu gebrauchen ist.

Autsch – jetzt fallen die Kästen auch noch herunter. Nanu? Das gibt's doch gar nicht! Schaut euch diesen Kasten an! Sieht der nicht verrückt aus? Ob ein Luftballon drin ist?

Noch nicht nachsehen – mal kurz überlegen, was mit dem komischen Kasten los sein könnte!

Das alte Gewichtstück ist drin, es steht ganz in der Ecke.

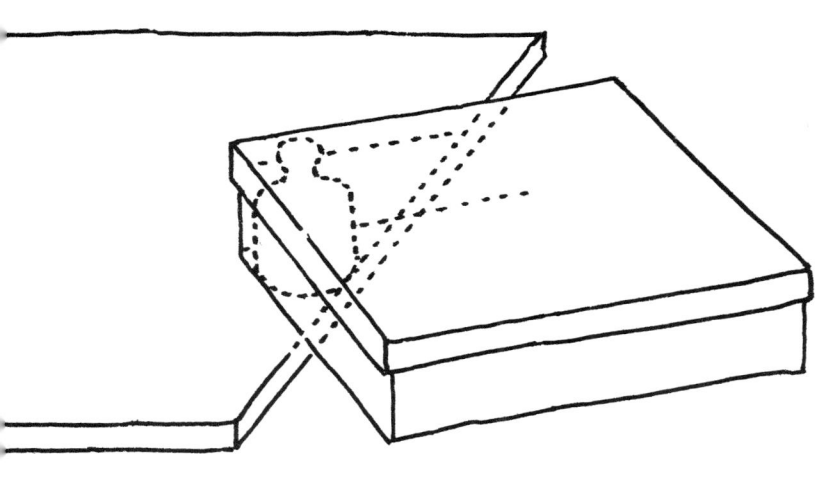

Mit einem flachen Gewichtstück, zum Beispiel einem flachen Stein oder einer schweren Eisenmutter, und einer höheren Schachtel läßt sich auch ein Zauberkasten bauen.

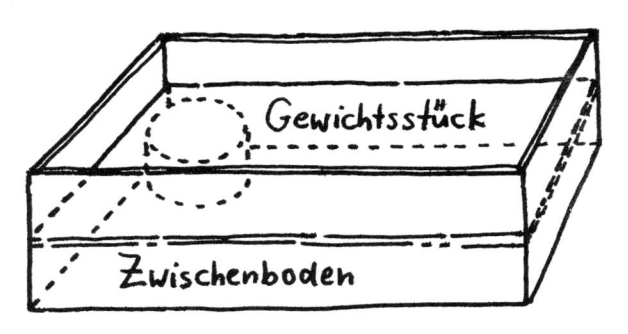

Habt ihr auch an so etwas gedacht? Es braucht ja nicht gerade ein Gewichtstück zu sein. Mit einem Stein, einem Eisenstück oder etwas ähnlich Schwerem bleibt der Kasten auch so stehen.

Wenn ihr andere Leute mit so einem Kasten überraschen wollt, sucht zunächst einen schweren Gegenstand. Den klebt ihr dann in der Ecke einer Schachtel fest.

Am besten merkt ihr euch, wie weit die Schachtel damit an der Tischkante überstehen kann. Stellt dann die Schachtel irgendwo ganz beiläufig ab und sagt einfach „Ist was?", wenn jemand komisch guckt.

Man klebt über das Gewichtstück einen zweiten Boden und kann den Kasten dann auch offen zeigen, ohne daß der Trick gleich erkannt wird.

Da fällt mir noch ein Zauberkunststück ein:

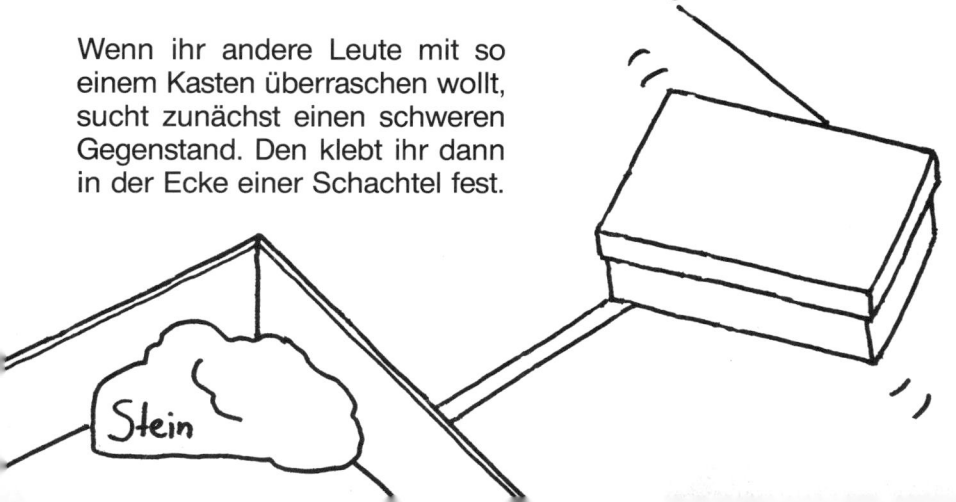

Der Kerzenauspustekasten

Glaubt ihr, daß ich eine Kerze ausblasen kann, die so weit wegsteht? Nein? Also — mit dem Mund schaffe ich es auch nicht — aber mit diesem Kasten.

Gut gezielt — einmal draufklopfen — die Kerze flackert — und aus ist sie.

Das habe ich mir doch gedacht.

Ihr möchtet wissen, was in dem Kasten drin ist. Nichts! Nein, ganz stimmt das nicht! Luft ist darin und ein rundes Loch, das ich hineingeschnitten habe, etwa so groß wie ein Fünfmarkstück.

Beim Klopfen wird einige Luft durch das Loch herausgestoßen und macht einen Wirbel. Der muß die Kerze treffen. Das Zielen ist gar nicht so einfach, man sieht den Luftwirbel ja nicht.

Aber Rauch kann man sehen.

Wenn ihr einen Erwachsenen kennt, der noch raucht, laßt ihn Rauch in den Kasten blasen.
Aber es geht auch ohne Raucher. In Drogerien kann man kleine Räucherkegel kaufen. Einmal angezündet, verglimmen sie allmählich und verbreiten dabei Tannen-, Lavendel- oder sonstige Düfte — jedenfalls steht es so auf der Packung. Ein oder zwei Kegel stellt ihr in ein ausgebranntes Teelicht oder in einen Metalldeckel von einem Marmeladenglas. Das klebt ihr im Kasten fest, damit es nicht verrutscht.
Dann: Räucherkegel anzünden, Deckel zu, etwas warten, bis sich genügend Rauch angesammelt hat, und zielen.

Noch ein Tip: Die Kerze kann zum Auspusten um so weiter wegstehen, je ruhiger die Luft ist. Der Kerzenauspustekasten funktioniert deshalb in einem Zimmer mit geschlossenen Türen und Fenstern besonders gut. Nach einigem Üben gelingt damit auch das Ausblasen der Weihnachtsbaumkerzen ohne Kletterkünste auf Stühlen!

Die Lochkamera

Ein Loch in der Tasche kann Ärger machen, man kann etwas verlieren. Ein Loch im Strumpf ist manchmal lästig, ein Zeh kann durchrutschen. Ein Loch im Käse macht nichts.

Aus einem Loch in einem Kasten wurde sogar eine Erfindung!

Wie ihr auf der Seite 51 seht, kann man nämlich mit einem Kasten mit Loch Bilder erzeugen. Die erste Kamera war nichts weiter als ein solcher Kasten. Anstelle des Pergamentpapiers, das ihr in der Zeichnung seht, wurde eine Fotoplatte eingelegt.

Weil das Loch auf der Vorderseite das Wichtigste dabei ist, heißt dieser Apparat auch Lochkamera.

Auf dem Foto auf dieser Seite seht ihr eine Kamera, wie sie Berufsfotografen für manche Aufnahmen verwenden. Auch sie funktioniert im Prinzip nicht anders als die Lochkamera, die ihr aus einem Kasten selbst basteln könnt.

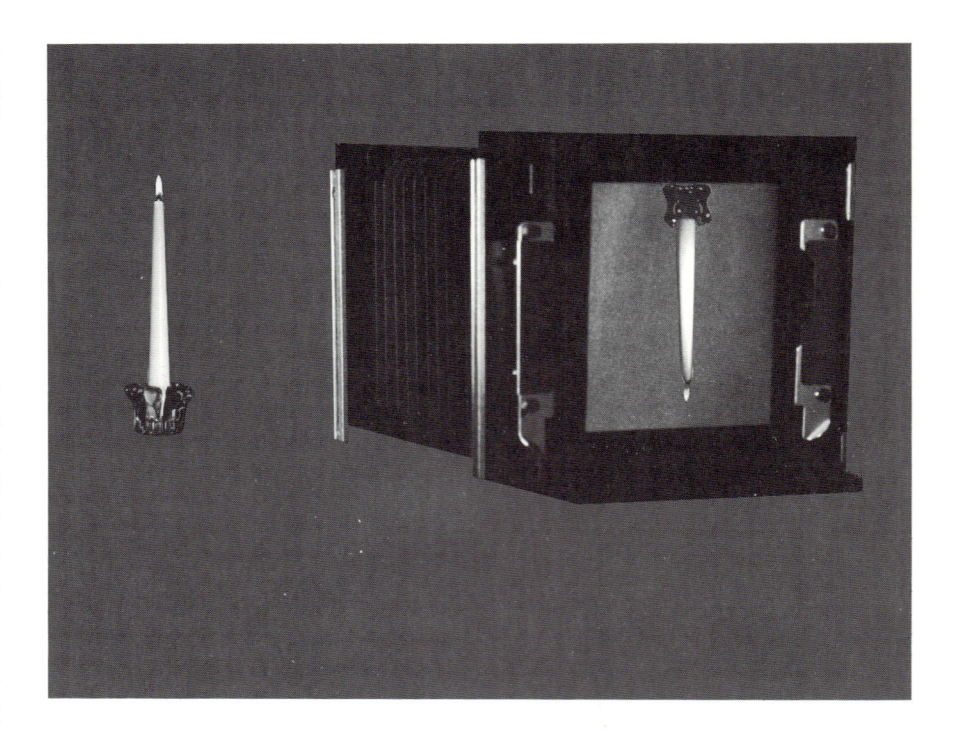

Zum Bau nehmt ihr einen nicht zu großen Pappkarton. Die Rückseite schneidet ihr bis auf schmale Randstreifen aus. Auf die klebt ihr dann ein durchscheinendes Papier wie Pergament – oder Butterbrotpapier oder Backblechfolie. In die Mitte der Vorderseite stecht, schneidet oder bohrt ihr ein rundes Loch, etwa bleistiftdick. Ihr könnt aber auch ein größeres Loch ausschneiden und dann davor ein Stück dünne Pappe mit einem kleineren Loch aufkleben. Ein Loch läßt sich nämlich in die dünne Pappe leichter und sauberer schneiden als in den dicken Karton. Auf diese Weise könnt ihr außerdem unterschiedlich große Löcher ausprobieren.

Übrigens: Die Bilder der Lochkamera stehen auf dem Kopf. Es hilft auch nichts, wenn ihr sie umdreht. Das ist einfach so.

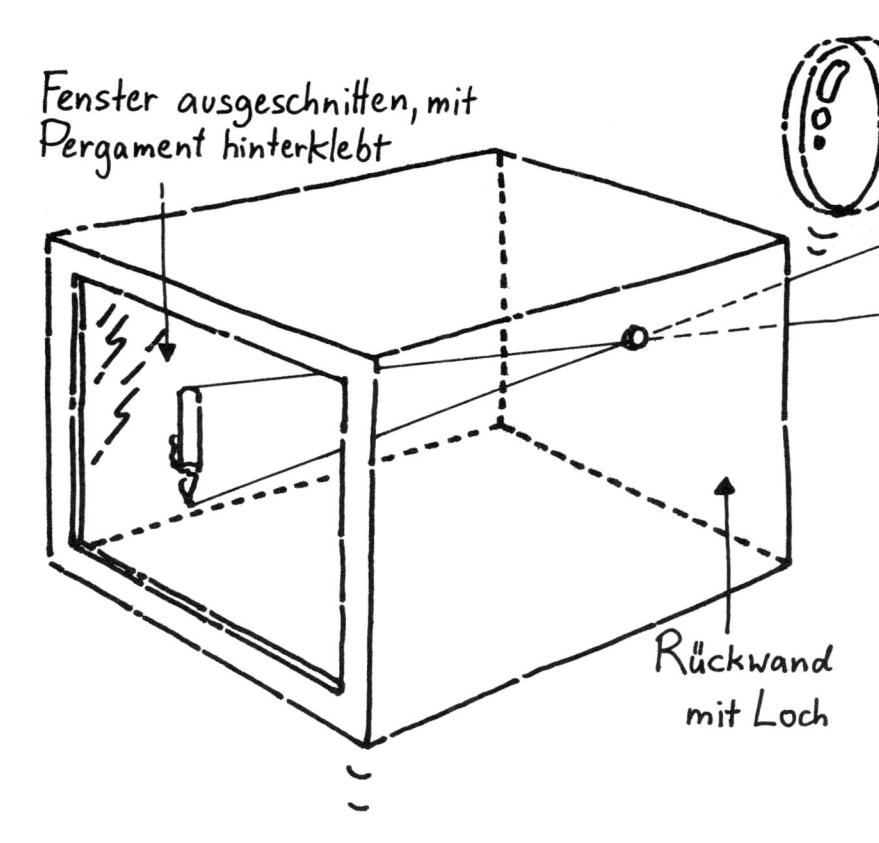

Fenster ausgeschnitten, mit Pergament hinterklebt

Rückwand mit Loch

Die Bilder der Lochkamera sind leider ziemlich dunkel. Am besten schaut ihr euch von einem dunklen Raum aus hellbeleuchtete Gegenstände vor dem Fenster an, oder ihr betrachtet eine Kerze oder eine Lampe, die ja selbst leuchten.
Wenn man das Loch größer ausschneidet, wird das Bild heller. Es kommt ja mehr Licht durch das Loch hindurch. Aber das Bild wird auch unschärfer. Und wie bekommt man ein helles und scharfes Bild?

Na, ihr habt es schon gesehen – mit einer Linse. Probiert es selbst aus, indem ihr eine Lupe vor das größer ausgeschnittene Loch haltet. Wenn das Bild nicht gleich scharf ist, verschiebt ihr die Lupe langsam vom Loch weg und beobachtet dabei das Bild. Sollte es noch unschärfer werden, rückt ihr mit eurer Kamera näher an die Kerze, oder was ihr euch gerade anschaut, heran und versucht es noch einmal.

Genauso wie die Lochkamera funktioniert der Fotoapparat – mit Loch und Linse. Weil sich das aber so einfach anhört, sagen Fachleute Blende und Objektiv dazu. Und das Hin- und Herschieben der Linse heißt Entfernungseinstellung.

51

Der Gespensterkasten

Durch ein Loch in einem Kasten kann auch ein Gespenst erscheinen. Ihr seht es ja. Die Umrisse des Gespenstes werden aus nicht zu dicker Pappe herausgeschnitten. Wenn euer Gespenst farbig werden soll, klebt ihr durchsichtige Folie dahinter. Die könnt ihr dann mit Filzschreibern anmalen.

Oder ihr nehmt gleich farbige Folie. In den Boden schneidet ihr ein großes Loch und klebt die Gespensterpappe auf.

In ein zusätzliches Stück Pappe schneidet ihr in die Mitte ein etwa pfenniggroßes Loch und klemmt oder klebt die Pappe im Karton fest.

Gespenst ausschneiden und mit farbiger Folie hinterkleben

Pappe festklemmen

Am besten nehmt ihr eine Leselampe. Sie wird so festgeklemmt, daß sie das Loch voll beleuchtet.

Jetzt die Jalousien herunterlassen, die Vorhänge zuziehen oder auf den Abend warten. Im dunklen Raum bewegt ihr dann den Kasten so, daß das Gespenst aus einer Zimmerecke aufsteigt und ganz langsam die Wand entlangschwebt. Nicht so zittern dabei, es ist doch euer eigenes Gespenst!

Jetzt fehlt nur noch die Beleuchtung. Eine Kerze könnte die Pappe anbrennen und gibt auch zu schwaches Licht. Mit einer Taschenlampe sieht man häufig nur einen Teil vom Gespenst.

Der Unendlichkeitskasten

Noch'n Kasten — der letzte. Aber der hört überhaupt nicht auf. Wieso? Verrate ich nicht, ihr werdet es schon sehen!

Ihr braucht zwei gleichgroße Spiegel und einen stabilen Karton, in den sie hineinpassen. Bevor ihr in der Wohnung irgendwelche Spiegel abmontiert, denkt daran: Im Hobbyladen oder im Baumarkt gibt es Spiegelkacheln zu kaufen. Sie sind gar nicht so teuer und haben den Vorteil, daß man sich an ihren abgeschliffenen Kanten nicht schneiden kann. Außerdem gehören meistens auch Klebeecken dazu, die ihr auch braucht.

Bei einem Spiegel wird auf der Rückseite, möglichst in der Mitte, ein Kreis vorgezeichnet, etwa so groß wie ein Fünfpfennigstück. Jetzt kommt das Schwierigste: Innerhalb dieses Kreises wird die Spiegelschicht mit einer Messerspitze abgekratzt. Das geht bei der oberen Schutzschicht ziemlich leicht. Mühsam wird es bei der darunterliegenden silbrigen Schicht. Ich habe es mit Metallpolitur versucht, mit der man zum Beispiel sein Fahrrad oder die Stoßstangen beim Auto putzt. Die silbrige Schicht ging damit vollständig ab. Wichtig ist nämlich, daß ihr nachher durch das Loch hindurchsehen könnt.

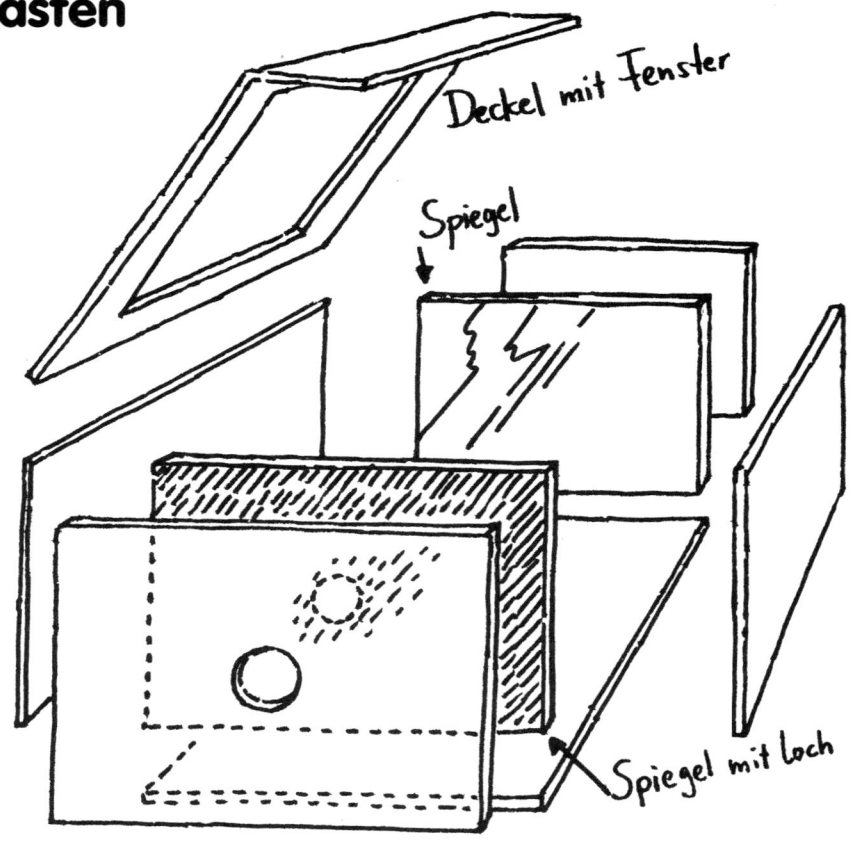

Ihr klebt die Spiegel im Kasten an gegenüberliegende Seiten mit den Klebeecken oder Teppichband fest.

Halt, noch nicht! Ich habe vergessen zu sagen, daß ihr vorher in die eine Kastenwand, an die der Spiegel mit dem Loch kommt, auch ein Loch hineinschneidet. Natürlich an die richtige Stelle, sonst seht ihr nichts. Seid ihr fertig? Dann stellt einige Dinge in den Kasten und schaut mal durch das Loch!

„Tschüss, und viel Spaß beim Basteln!"
„Tschüss, und viel Spaß beim Basteln!"